Reinhard Danne

Sango Meeres-Korallen

Nahrungsergänzung aus dem Ozean

Hans-Nietsch-Verlag

Redaktion: Jutta Oppermann
Lektorat: Martina Klose
Korrektorat: Sylvia Schaible
Umschlaggestaltung: Rosi Weiss
Innenlayout und Satz: Hans-Jürgen Maurer

Hans-Nietsch-Verlag
Postfach 228
79002 Freiburg

www.nietsch.de
info@nietsch.de

ISBN 3-934647-10-3

Wichtige Informationen für Leserinnen und Leser

Dieses Buch enthält Informationen für medizinische Laien, naturheilkundlich interessierte Ärzte, Heilpraktiker und andere Angehörige von Heilberufen. Die Informationen und wissenschaftlichen Daten wurden sorgsam recherchiert. Sie basieren auf weltweiten Forschungen über ionisierte Mineralstoffe und die Wirkungen von Sango-Meeres-Korallen auf den Menschen. Aus diesen Erkenntnissen lässt sich allerdings weder eine genaue Diagnose, die Voraussetzung für eine erfolgreiche Therapie ist, noch eine Behandlung von ernsthaften Krankheiten ableiten. Die Therapie physischer und psychischer Krankheiten darf laut Gesetz ausschließlich von fachkundigen Angehörigen der Heilberufe vorgenommen werden.

Die in diesem Buch aufbereiteten Informationen sind daher nicht als medizinische Ratschläge zu verstehen. Jeder Leser sollte eigenverantwortlich mit ihnen umgehen. Verlag und Autor können keine Haftung für Schäden übernehmen, die sich aus den in diesem Werk vorgestellten Anwendungen ergeben.

Inhalt

Vorwort

Als praktizierender Allgemeinmediziner bin ich seit mehr als 20 Jahren auf der Suche nach hochwirksamen Mineralstoff- und Spurenelementpräparaten, die ich krankheitsvorbeugend und heilungsunterstützend bei meinen Patienten einsetzen kann. Fündig geworden bin ich dabei auf der japanischen Insel Okinawa: Die dort heimischen Sango-Meeres-Korallen weisen eine einzigartige Zusammensetzung aus wertvollen Mineralstoffen und Spurenelementen auf. Sie helfen den Menschen auf vielfältige Art und Weise, ihren Gesundheitszustand zu erhalten und sogar zu verbessern. Das Besondere an diesen Korallen ist: Ihre mehr als 70 verschiedenen basischen Inhaltsstoffe liegen in ionisierter, also für den Körper des Menschen besonders gut verfügbarer Form vor.

Nachdem ich Anfang der 1990er Jahre mit der Erforschung solcher ionisierter Mineralstoffe und Spurenelemente begonnen hatte, stieß ich auf zahlreiche Arbeiten von Forschern aus den USA, aus Japan, China, Tibet und Pakistan, aus Griechenland, Russland, Österreich, Deutschland, Frankreich und Großbritannien. Erschreckend war für mich, dass all diese Wissenschaftler offenbar keinen Kontakt untereinander pflegten. Jeder forschte isoliert im stillen Kämmerlein vor sich hin. Durch den Mangel an effektiver Zusammenarbeit unter den Spezialisten sah ich mich vor eine große Herausforderung gestellt. Fortan bestand die Hauptmotivation für meine wissenschaftliche Arbeit darin, den Gedankenaustausch zwischen diesen weltweit tätigen Forschergruppen in Gang zu bringen. Mein Ziel war es, einen fruchtbaren Informationsfluss über das, was zum Thema „Ionisierte Mineralstoffe und Spurenelemente“ im Interesse der Menschen und ihrer Gesundheit erforscht worden war, anzuregen und voranzutreiben.

Erste Erfolge konnte ich bald verbuchen. Ein Beispiel für mehrere positive Entwicklungen ist das folgende: Seit vielen Jahren beschäftigt sich Robert R. Barefoot mit ionisierten Mineralstoffen sowie Spurenelementen und Sango-Meeres-Korallen. Der Amerikaner Barefoot und der Japaner Hideo Someya, Sohn des Erfinders des einzigen patentierten Verfahrens zur Herstellung von Pulver aus Sango-Meeres-Korallen, kannten sich bis zum Jahre 2002 nicht. Ich habe mit Hideo Someya, einem außergewöhnlichen, von ethischen Grundsätzen geprägten Menschen, lange Gespräche rund um das Thema „Korallen“ geführt. Schließlich konnte ich ihn dazu veranlassen, den Spezialisten Robert Barefoot im November 2002 nach Japan, auf die Insel Okinawa, einzuladen, um sich über die Meeres-Korallen und ihre gesundheitsfördernden Wirkungen auszutauschen. Daraus ist eine Zusammenarbeit zwischen Forscherteams aus unterschiedlichen Kontinenten erwachsen, die der Korallenforschung wichtige Impulse geben konnte.

In den vergangenen Jahren habe ich mit vielen Fachleuten gesprochen und auf diese Weise eine Fülle von Wissen über die Sango-Meeres-Korallen, ihre Inhaltsstoffe und gesundheitsfördernden Effekte erworben. Ich habe sehr viel wissenschaftliche Literatur durchforstet, Forschungsarbeiten aus der ganzen Welt zusammengetragen und Fallbeispiele unter die Lupe genommen. In diesem Buch ist die Essenz dieser umfangreichen Recherchen dargelegt. Dabei habe ich ein besonderes Augenmerk auf die Aufgaben und Funktionen ionisierter Mineralstoffe und Spurenelemente im Organismus „Mensch“ gelegt. Denn: Es besteht ein wesentlicher Zusammenhang zwischen einem Mangel an diesen Substanzen (insbesondere an Calcium) in unseren Zellen und einem gestörten Säure-Basen-Haushalt im Körper. Ein unausgeglichenes Verhältnis von Säuren und Basen wiederum schränkt die körperliche und geistige Leistungsfähigkeit von Menschen massiv ein. Viele Krankheiten, vor allem chronische Beschwerden, haben ihre Ursache darin. Im Zuge jahrelanger intensiver Forschungstätigkeit habe ich die Sango-Meeres-Korallen mit ihren ionisierten Mineralstoffen und Spurenelementen als ein besonders wirksames Mittel kennen und schätzen gelernt, mit dem einer solchen Übersäuerung im Körper vorgebeugt werden kann.

Als Mediziner ist es mir ein großes Anliegen, diese für die Gesundheit immens wichtigen wissenschaftlichen Erkenntnisse einer breiten Öffentlichkeit, aber auch Therapeuten zur Verfügung zu stellen, die in den Bereichen „Medizin, Sportmedizin, Ernährung, Nahrungsergänzung, Naturheilkunde, Fitness und Wellness" tätig sind. Das Wissen um die Sango-Meeres-Korallen und ihre wertvollen Inhaltsstoffe habe ich daher für Spezialisten wissenschaftlich fundiert und für Laien spannend, anschaulich und leicht verständlich aufbereitet. Ich erläutere nicht nur die wissenschaftlichen Hintergründe dafür, dass die Menschen auf Okinawa dank dieser Korallen gesünder sind und länger leben als anderswo. Vielmehr zeige ich konkret, warum und wie gestresste und gesundheitlich angeschlagene Europäer die Vorzüge dieser einzigartigen Nahrungsergänzung nutzen und so dem Volksleiden „Übersäuerung" und seinen Folgekrankheiten mit einfachen Mitteln zu Leibe rücken können.

Sind Sie neugierig geworden?

Ich wünschen Ihnen viel Freude beim Lesen und ein gesundes langes Leben ...

Reinhard Danne

Einführung

Die Chancen der Ganzheitsmedizin nutzen

Der Arzt behandelt, die Natur heilt

Ein Prinzip naturheilkundlicher Therapien besteht darin, die selbstregulierenden und selbstheilenden Prozesse im Körper des Menschen anzuregen und seine Gesundung auf diese Weise positiv zu beeinflussen. Das lateinische Sprichwort: „Der Arzt behandelt, die Natur heilt" *(medicus curat, natura sanat)*, spiegelt diesen Zusammenhang treffend wider. Soll heißen: Es ist wichtig, nicht nur an den Symptomen „herumzudoktern", vielmehr sollten wir der gesamten Natur des Menschen im Rahmen einer Therapie Raum und die Möglichkeit geben, all ihr Potenzial auszuschöpfen, und so die ganzheitliche Genesung wirkungsvoll unterstützen. Diese Art der umfassenden Betrachtungsweise des Menschen und seines Gesundheitszustandes beruht auf der uralten Weisheit, dass man das Ganze nicht aus den Augen verlieren sollte, wenn das Einzelne aus dem Lot geraten ist und nach Veränderung schreit.

Was passiert, wenn wir die Gesetze der Natur nicht in ihrer Gesamtheit erfassen und respektieren, sondern im Blickwinkel beschränkt und kurzfristig denkend speziellen Bedürfnissen Rechnung tragen, zeigt uns die Natur mit gnadenloser Härte: Da gibt es die Hochwasser-Katastrophen in vielen Teilen Europas, die durch die Begradigung der Flüsse und das Verschwinden der Flussauen begünstigt werden. Und es häufen sich extreme Wetterlagen aufgrund der kontinuierlichen Erderwärmung, die uns der zunehmende Kohlendioxid-Ausstoß unserer energiehungrigen, vermeintlich fortschrittlichen Industriegesellschaft beschert hat. Auch in der Medizin gibt es Beispiele für engstirniges, kurzsichtiges Denken und Handeln. Nicht selten beginnen „Krankheitskarrieren" erst dann richtig, wenn mit allzu starken Medikamenten oder durch übereifrig verordnete Operationen einzelne Symptome schnell beseitigt werden sollen. Nebenwirkungen und Folgeerkrankungen sind oft die Konsequenz solcher an sich gut gemeinter Behandlungsmethoden. In vielen Fällen schlittern Menschen von einer in die nächste Erkrankung, weil die Symptome zwar erfolgreich therapiert, deren Ursachen aber nicht wirklich beseitigt wurden. Von echter Heilung kann daher bei der Therapie mit Arzneimitteln nur selten gesprochen werden.

Ganzheitsmedizin und Naturheilmittel haben in Asien Tradition

Die Tradition, den ganzen Menschen mit all seinen körperlichen und geistigen Facetten zu betrachten, wird in Vollendung im asiatischen Raum gepflegt. Daher ist es kein Zufall, dass viele Naturheilmittel, die wegen ihrer ganzheitlichen und sanften Wirkung gerühmt werden, auch von dort stammen. Ein Beispiel ist die Ginsengwurzel. In Asien gehörte und gehört sie noch heute zu den am häufigsten eingesetzten Heilpflanzen. Ihr ungemein breites gesundheitsförderndes Spektrum bei Störungen wie Erschöpfungszuständen über Diabetes bis hin zu Herz-Kreislauf-Erkrankungen beruht eben nicht auf einer speziellen Wirkung, die auf einzelne Organe oder Organteile abzielt. Die Ginsengwurzel heilt vielmehr, weil ihre Inhaltsstoffe das Geschehen auf vielen Ebenen im Körper beeinflussen.

Ebenso verhält es sich mit den japanischen Sango-Meeres-Korallen. Mit ihrer Hilfe werden keine einzelnen Symptome bekämpft, sie sind deswegen auch kein „Heilmittel" im engeren Sinne. Vielmehr stärken sie den Organismus – ähnlich wie die Ginsengwurzel – in seiner Gesamtheit und unterstützen auf diese Weise seine Selbstheilungskräfte. Sie liefern ionisierte Mineralstoffe und Spurenelemente, die für den Körper des Menschen lebensnotwendig sind, seine Entgiftung anregen und seinen Säure-Basen-Haushalt auf einem ausgeglichenen Niveau halten. Dadurch wird vielen, insbesondere chronischen Beschwerden der Nährboden entzogen. Die wertvollen Inhaltsstoffe der Korallen beugen Mangelerscheinungen vor und schaffen im Organismus „Mensch" die Basis für gesunde Zellen, Gewebe und Organe. So verringern wir das Risiko, dass eine Krankheit überhaupt auftritt oder dass sie sich im Anschluss an eine konventionelle Therapie neue Ventile sucht.

Der körperliche Zustand von Kranken bessert sich erst dann nachhaltig, wenn die Ursachen der Beschwerden behoben sind. Nicht selten sind diese in einer Übersäuerung des Körpers und in Mangelerscheinungen zu suchen. Experten gehen davon aus, dass mehr als 150 verschiedene Krankheiten auf solche Störungen zurückzuführen sind. Sango-Meeres-Korallen beweisen hier ihre Stärke: Mit ihrer Hilfe können wir Gesundheitsbeschwerden vielfach in den Griff bekommen, weil sie den Grund des Übels – ein gestörtes Säure-Basen-Gleichgewicht und Mineralstoffdefizite – beseitigen.

Körper, Geist und Seele im Blick

Den Menschen ganzheitlich zu betrachten bedeutet natürlich nicht nur, ihn ausreichend mit Nährstoffen und heilenden Substanzen zu versorgen. Wichtig ist außerdem, dass er sich im Krankheitsfall nicht nur passiv durch den Arzt therapieren lässt, sondern selbst aktiv an seiner Genesung mitwirkt und Verantwortung für die eigene Gesundheit übernimmt. Dazu gehört auch, bei Bedarf neue und eventuell unbequeme Wege einzuschlagen und eingefahrene, lieb gewordene Verhaltens- und Lebensweisen zu ändern. Menschen sollten dabei zunächst lernen, die Warnsignale ihres Körpers zu erkennen und ernst zu nehmen. Bei Mangelerscheinungen infolge von Mineralstoffdefiziten zum Beispiel ist die aktive und regelmäßige Gesundheitsvorsorge in Form von Nahrungsergänzungen ein Muss.

Ein guter Therapeut ist, wer den Patienten nicht nur mit seinem Fachwissen unterstützt und behandelt, sondern ihm auch hilft, sich weiterzuentwickeln, was Selbstwahrnehmung und Selbstverantwortung anbelangt. Ein Behandelnder sollte also im wahrsten Sinne des Wortes „umsichtig" sein. Seine Aufgabe ist es, das Leben der Menschen im Gesamtzusammenhang zu sehen – und das geht immer über rein medizinische Aspekte hinaus. Denn „ganzheitlich" heißt auch,

Körper, Geist und Seele als Einheit zu begreifen. Der Mensch besteht nicht nur aus Organen und Blut. Er ist ein komplexes System, das körperlich wie geistig gefordert und vielfach sogar überfordert ist. Körper und Geist durchdringen sich dabei wechselseitig: Stress beispielsweise kann zu körperlichen Beschwerden führen und organische Störungen können umgekehrt auch Stress auslösen. Patient und Therapeut müssen gemeinsam herausfinden, wo die Ursachen des Übels liegen: Sind die Gründe auf der Ebene der Organe, des Stoffwechsels, der mentalen oder der emotionalen Ebene zu suchen? Oder spielen spirituelle Dinge eine Rolle? Ist der Körper vielleicht ausgezehrt, weil er falsch ernährt wurde? In diesem Sinne ist Ganzheitsmedizin eine echte Herausforderung, muss sie doch dem Anspruch genügen, Menschen so umfassend wie möglich in ihrer Gesamtheit zu erkennen, zu diagnostizieren und zu behandeln.

Immer mehr Schulmediziner teilen diese Einschätzung und die Erkenntnis wächst, dass die Apparate-Medizin kein Allheilmittel ist. Wie ließen sich sonst Spontanheilungen erklären? Warum lassen sich Menschen nicht durch ein- und dieselbe Methode gleich gut therapieren? Jeder Mensch ist einmalig und will als Individuum in seiner einzigartigen Gesamtheit wahrgenommen und medizinisch individuell behandelt werden.

Schulmedizin und Naturheilkunde – kein unüberwindbarer Gegensatz

Die Herausforderung für Mediziner liegt darin, sich der Unterschiedlichkeit der Menschen und ihrer Krankheitsbilder zu stellen. Dazu gehört bei Bedarf die klassische Schulmedizin ebenso wie die so genannten „alternativen“ Heilmethoden. Leider geriet das Wissen der Naturheilkundler und der Ganzheitsmediziner im 20. Jahrhundert aufgrund vermeintlicher Fortschritte der „richtigen Medizin“ in den Hintergrund. Seitdem Ernüchterung eingekehrt ist, weil auch die Schulmedizin ihre Grenzen hat, kehrt sich dieser Prozess langsam um. Vielen Schulmedizinern wird zum Beispiel klar, dass ein Mensch nur dann gesund werden kann, wenn er mit seiner Würde, seinen Wünschen und seinem Bewusstsein ernst genommen und nicht zum ohnmächtigen Objekt einer modernen Apparate-Medizin und chemischer Errungenschaften degradiert wird.

Vordringliche Aufgabe muss dabei sein, die Selbstheilungskräfte der Menschen zu stärken. Im Idealfall geschieht dies bereits vor dem Ausbrechen oder im Anfangsstadium einer Krankheit. Denn darin sind sich Heilkundige aller Couleur bereits heute einig: Der Schwerpunkt des Gesundheitswesens muss in Zukunft schon aus finanziellen Gründen auf der Prävention liegen. Mehr denn je gilt also die alte Weisheit: Vorbeugen ist die beste Medizin.

Die Natur lässt uns dabei nicht im Stich. Sie liefert uns eine Fülle an gesunder Nahrung und Stärkungselixieren, mit denen wir diesem Ziel ein großes Stück näher kommen können. Diese Erkenntnis eint Schulmediziner, Naturheilkundler und Ganzheitsmediziner ebenfalls. Auf anderen Gebieten bestehen allerdings noch große Vorbehalte gegenüber den Ansichten und Methoden der Vertreter der jeweils anderen Richtungen.

In einen fruchtbaren Dialog treten

Mein Wunsch ist es, mit diesem Buch einen Beitrag zur fruchtbaren Auseinandersetzung von Schulmedizinern sowie deren Anhängern und Naturheilkundlern zu leisten. Seit Jahren tausche ich mich regelmäßig mit Spezialisten aus – mit Heilpraktikern, Homöopathen, Ganzheitsmedizinern, Sport-, Fitness- und Wellness-Experten, Ernährungsberatern und bioenergetisch arbeitenden Therapeuten ebenso wie mit Schulmedizinern, Ärzten und Professoren in Krankenhäusern und Universitätskliniken und Wissenschaftlern aus Medizin und Naturheilkunde.

Ich bin ein ausgesprochener Verfechter der Idee, dass wir in diesem ersten Jahrzehnt des dritten Jahrtausends einen gemeinsamen Weg finden sollten, welcher der Gesundheit und dem Wohl aller Menschen dient. Dazu ist es notwendig, dass der Kampf zwischen Schulmedizin und alternativen Heilverfahren beendet wird und die Verantwortlichen dieser Richtungen offen sind für die Ideen und Methoden der jeweils anderen Seite und in einen Dialog miteinander treten. Mit Gesundheitsexperten aller Denkrichtungen zu kommunizieren ist für mich zur Grundlage meiner ärztlichen Tätigkeit geworden. Ich hoffe daher, dass die Ansätze für neue therapeutische Wege, die ich in diesem Buch einzig und allein mit dem Ziel vorstelle, den Menschen zu mehr Gesundheit zu verhelfen, gehört werden und auf fruchtbaren Boden fallen.

Die wunderbare Welt der Sango-Meeres-Korallen

Vor den Küsten Okinawas im tiefblauen Pazifik südwestlich von Japan verbirgt sich ein Schatz, der wertvoller ist als alles Geschmeide dieser Welt. Er schenkt uns Gesundheit und ein langes Leben. Deswegen wird er auch als „Gold von Okinawa" bezeichnet. Dieser Schatz kommt aus den prachtvollen Korallenriffen, die dort seit Jahrmillionen den Meeresboden bedecken. Die so genannten „Sango-Meeres-Korallen", die um die japanische Insel herum wachsen, sind offenbar – wie Wissenschaftler herausgefunden haben – mit verantwortlich dafür, dass die Einwohner von Okinawa länger leben als Menschen anderswo auf unserem Globus. Erstaunlich viele Okinawaner werden 90, 100 oder mehr Jahre alt. Seit das bekannt geworden ist, sind die mineralstoffreichen Korallen von der „Insel der Hundertjährigen" in anderen Teilen der Welt als Jungbrunnen und Gesundheitselixier besonders begehrt. Nahrungsergänzungen aus Sango-Meeres-Korallen (Englisch: *marine sango-corals*; Abkürzung: MSC) bestehen aus abgestorbenen Korallenskeletten, die direkt aus dem Meer gewonnen werden – im Gegensatz zu den in Landminen abgebauten Korallen.

Spurensuche – Sango-Korallen und die wahre Geschichte ihrer Entdeckung

Viele Menschen gehen davon aus, dass die Vitalität spendenden und gesundheitsfördernden Wirkungen der Sango-Meeres-Korallen erst seit einem guten Vierteljahrhundert bekannt sind. In Tausenden Berichten aus den USA und anderen westlichen Staaten wird dieser Eindruck auch tatsächlich erweckt. Hier wird eine Geschichte erzählt, die sich 1979 zugetragen hat: Damals war Shigechiyo Izumi, der auf Okinawa lebt,

115 Jahre alt und damit der älteste lebende Mann der Welt. Er bekam Besuch von einem Journalisten, der für das Guinness-Buch der Rekorde recherchierte. Seinen Beschreibungen zufolge war Shigechiyo Izumi für einen mehr als 100 Jahre alten Mann körperlich bemerkenswert gesund und außergewöhnlich fit. Er habe bis zu seinem 105. Lebensjahr noch gearbeitet, teilte der aufgeweckte Greis dem verdutzten Besucher damals mit. Erst im stolzen Alter von 121 Jahren starb der Japaner an Altersschwäche, wie ein paar Jahre später berichtet wird. Nicht nur der 115-jährige Shigechiyo Izumi hinterließ einen tiefen Eindruck bei dem Journalisten, sondern auch der Anblick der übrigen Bewohner Okinawas, von denen ungewöhnlich viele überdurchschnittlich alt waren, ließ ihn staunen. Sie waren körperlich und geistig meist voll auf der Höhe und sollen nur selten unter ernsten Erkrankungen gelitten haben.

Gestützt wird die Beobachtung des Journalisten durch die Erkenntnisse von Wissenschaftlern. Sie haben im Rahmen der so genannten *Okinawa Centenarian*-Studie (1976–1994) herausgefunden, dass sich die Okinawaner im Vergleich zu Menschen aus anderen Ländern und Regionen Japans tatsächlich einer außergewöhnlich hohen Lebenserwartung erfreuen können.

Informationen aus erster Hand

Die Eindrücke, die der Journalist 1979 von der japanischen Insel Okinawa mitgenommen hat, decken sich also mit den Fakten der Forscher. Tatsache ist allerdings auch, dass die gesundheitsfördernde Wirkung der Sango-Meeres-Korallen nicht erst durch den Journalisten Ende der 70er Jahre, sondern bereits wesentlich früher entdeckt worden ist, wie ich vor Ort aus erster Hand erfahren habe: Auf der Suche danach, weshalb Sango-Meeres-Korallen auf den menschlichen Organismus so positiv wirken, führte mich eine Studienfahrt im Jahr 2002 durch zahlreiche Gebiete Japans. Dort trug ich grundlegende Informationen und wissenschaftliche Dokumentationen über die Meeresbewohner zusammen. Dabei gehörte die Begegnung mit Hideo Someya, dem Sohn des Erfinders des einzigen patentierten Verfahrens zur Herstellung von Pulver aus

Sango-Meeres-Korallen, zu den beeindruckendsten Erlebnissen. Der Japaner lud mich zu einer einwöchigen Reise durch Japan ein. In dieser Zeit lernte ich die alte, faszinierende Kultur des Landes, die Geheimnisse traditioneller japanischer Ernährung und die wahre Geschichte der Entdeckung des Jungbrunnens „Sango-Meeres-Korallen“ kennen. Someyas Ausführungen zufolge haben Europäer das Korallen-Material bereits vor 600 Jahren aus Okinawa mit in ihre Heimat genommen, weil sie von dessen gesundheitsfördernden und lebensverlängernden Wirkungen erfahren hatten. Die Heilkraft der Korallen ist also nicht erst seit ein paar Jahrzehnten bekannt. Vielmehr wussten die Bewohner Okinawas und einige Europäer bereits Jahrhunderte vorher davon.

Hintergrund:

Korallen, die „Blumen der Meere", können Berge versetzen

Korallen sind faszinierende Lebewesen, die in den tropischen und subtropischen Weltmeeren große Kolonien bilden. Sie bestehen aus Polypen, die je nach Art weniger als einen Millimeter bis zu mehreren Zentimetern groß werden können. Ein Korallenriff beherbergt eine Vielzahl solcher Tiere. Korallen werden wie Quallen und Seeanemonen dem Stamm der Nesseltiere zugeordnet. Sie ernähren sich meist von Kleinstlebewesen aus dem Meer. Mit ihren Fangarmen transportieren sie diese zum Mund, filtern sie quasi aus dem Wasser heraus. Von dort aus gelangen sie in den Magen, wo sie zersetzt werden.

Riffbildende Korallen leben mit mikroskopisch kleinen Algen in Symbiose. Von dieser Lebensgemeinschaft profitieren beide: Die Polypen sind hier sozusagen die Vermieter des Wohnraums „Koralle". Sie beliefern die Algen mit Dünger, der aus den Ausscheidungsprodukten Ammonium und Phosphat besteht. Und die Untermieter der Korallen, die winzigen Algen, arbeiten als „Solarzellen" und bauen mit Hilfe des Sonnenlichtes energiereiche chemische Verbindungen auf, die sie ihren Hauswirten zum großen Teil zur Verfügung stellen.

Bei den Sango-Meeres-Korallen handelt es sich nicht um eine einzige Korallenart, sondern um eine Mischung aus verschiedenen Arten, die vor den Küsten Okinawas wachsen und zu den so genannten „Steinkorallen" (Scleractinia) gehören. Steinkorallen sind als koloniebildende, meist sesshafte Meeresbewohner typische Vertreter der Korallenriffe. Charakteristisch für sie ist es, dass sie Kalk ablagern und dadurch Skelette um sich herum bilden, in die sie sich bei Gefahr zurückziehen können und durch die sie auf dem Meeresgrund verankert sind. Riffbildende Steinkorallen findet man nur in Küstennähe, in lichtdurchfluteten Wassertiefen von 3 bis 30 Metern, denn ihre Untermieter, die Algen, können ohne Licht keine Photosynthese betreiben, also nicht leben. Und ohne die Algen wiederum sind die Hausherren nicht in der Lage, genügend Kalk zu bilden. Da die Polypen, die an den Wachstumsspitzen der Korallenskelette sitzen, oft sehr farbenprächtig sind und wie Meeresblumen aussehen, werden die Steinkorallen laut wissenschaftlicher Systematik den „Blumentieren" zugeordnet, obwohl sie keine Pflanzen, sondern vielmehr Tiere sind.

Unter guten Umweltbedingungen wächst ein Korallenriff über viele Jahrtausende immer weiter. Die Polypen stellen ständig neues Skelettmaterial her, sodass mit der Zeit immer größere Gebilde und schließlich ganze Korallenberge mit mächtiger Ausdehnung entstehen. Die Produktivität der Tierchen ist gemessen an ihrer Größe immens, auch wenn ein Riff pro Jahr nur wenige Zentimeter wächst. Die Dolomiten beispielsweise sind das Werk solcher kleinen Meerestiere. Das Gebirge entstand vor etwa 230 Millionen Jahren als Korallenriff unter dem Meeresspiegel. Infolge der Kontinentalplatten-Verschiebung wurde es emporgehoben und ragt heute als beeindruckende Gebirgsformation bis zu 3000 Meter in den Himmel hinein.

Das Geheimnis des gesunden Wassers

Die neuzeitliche Geschichte der Sango-Meeres-Korallen beginnt ebenfalls nicht in den 1970er Jahren, sondern laut Hideo Someya bereits 1950. Seinem Vater Nobuo Someya war der außergewöhnliche Gesundheitszustand und die hohe Lebenserwartung der Okinawaner bereits damals aufgefallen. Auf der Suche nach den Ursachen dafür fand er in den 50er Jahren schließlich heraus, dass der einzige gravierende Unterschied zu den Lebens- und Ernährungsbedingungen der übrigen japanischen Bevölkerung in dem mit hochwertigen Mineralstoffen und Spurenelementen angereicherten Wasser bestand, das die Bewohner der Insel seit Jahrtausenden tagtäglich tranken. Es galt nun zu erforschen, was dieses Wasser so einzigartig rein und mineralstoffreich machte. Nobuo Someya wurde bald fündig: Die Sango-Meeres-Korallen, die nur auf und um Okinawa herum zu finden sind und nirgends sonst auf der Welt vorkommen, mussten die Ursache für das gesunde Wasser sein.

Neben dem Japaner Someya haben mittlerweile auch andere Experten das Trinkwasser von Okinawa untersucht und herausgefunden, dass die Sango-Meeres-Korallen tatsächlich für seine Reinheit und seinen Mineralstoffreichtum verantwortlich sind. Die Gründe liegen in der besonderen Bodenbeschaffenheit Okinawas. Die Insel ist auf einem Korallenriff entstanden, das sich vor Urzeiten noch unter dem Meeresspiegel befunden hat. Das Regenwasser sickert nun durch die alten, versteinerten Korallenberge. Dabei werden mehr als 70 Mineralstoffe und Spurenelemente aus den fossilen Korallen ausgewaschen. Fachleute haben außerdem entdeckt, dass sich die Korallen wie natürliche Filter verhalten und das Wasser von Schadstoffen befreien. Das mit wertvollen ionisierten Vitalstoffen angereicherte, saubere Korallenwasser gelangt in das Grundwasser und schließlich in die Nahrungskette der Bewohner Okinawas.

Auch anderswo auf unserem Globus finden wir Menschen, die dank des Genusses von Mineralstoffen und Spurenelementen in ionisierter Form selten krank sind und lange leben. Beispielsweise kommt das Trinkwasser der Hunzas in Nordpakistan aus schmelzenden Gletschern.

In dieser „Milch der Berge“, die tatsächlich auch weißlich-trüb ist, sind ebenfalls viele Vitalstoffe gelöst.

Von herausragender Bedeutung ist, dass Sango-Meeres-Korallen sehr viel Calcium enthalten. Dieser Mineralstoff beeinflusst insbesondere den Säure-Basen-Haushalt und damit die Gesundheit des Menschen positiv (siehe Kapitel „Sango-Meeres-Korallen: Der Schlüssel für einen ausgeglichenen Säure-Basen-Haushalt“, Seite 42 ff.). Viele sehen im Korallen-Calcium den maßgeblichen Grund für die Langlebigkeit der Okinawaner. Auch das Geheimnis, warum die Inselbewohner sehr selten an Diabetes, Osteoporose, Bluthochdruck und anderen chronischen Erkrankungen leiden, scheint mit der Entdeckung des Korallenwassers und seiner gesundheitsfördernden Inhaltsstoffe gelöst. Kein Wunder also, dass Nahrungsergänzungen aus Sango-Meeres-Korallen nicht nur in Japan beliebt sind, sondern auch in den USA und Europa immer mehr Anhänger finden.

Korallen – Heilmittel mit Tradition

Dass Korallen sich positiv auf unser Wohlbefinden auswirken, weiß man nicht erst seit der Entdeckung der Sango-Meeres-Korallen. Bereits vor etwa 5000 Jahren wurden die Skelette der Meeresbewohner wegen ihrer gesundheitsfördernden Eigenschaften im asiatischen Raum erwähnt. Während Korallenpulver in Indien und China bereits damals im Dienste der Gesundheit angewendet wurde, musste die westliche Welt noch ein paar Jahrtausende darauf warten. Der Überlieferung nach ist das Wissen über die Heilkraft von Korallen im 8. Jahrhundert im Zuge der Eroberung Spaniens durch die Araber nach Europa gekommen. Noch heute finden wir Zeugnisse, die ihren Ursprung in dieser Zeit haben: Die älteste erhaltene Apotheke Spaniens mit dem Namen *Botica de los Ximeno*, die Ende des 17. Jahrhunderts gegründet wurde und in Penaranda de Duero im Norden des Landes liegt, ist derzeit ein Museum. Dort finden sich alte Gefäße mit Korallenpulver, die den Hinweis auf dessen gesundheitsfördernde Wirkung enthalten.

Schutz der Natur – kein Raubbau an lebenden Korallen

Infolge von menschlichen Einflüssen ist das Überleben der Korallen in den vergangenen Jahrzehnten weltweit zunehmend gefährdet. Mehr und mehr einstmals prächtige Korallenriffe sind verschwunden oder vom Untergang bedroht. Jeder, der ein Korallen-Kollier oder Nahrungsergänzungsmittel aus Sango-Meeres-Korallen kauft, wird sich daher sicherlich fragen, ob er sich durch den Kauf von Produkten, die aus dem Meer gewonnen werden, vielleicht mitschuldig macht daran, dass die letzten intakten Korallenriffe von unserem Planeten verschwinden.

Zumindest die Konsumenten von Sango-Meeres-Korallen können beruhigt sein: Zur Herstellung von Nahrungsergänzungen werden ausschließlich fossile Korallen verwendet. Zum Schutz der Umwelt werden dem Meer nur solche Korallen entnommen, die sich im Zuge natürlicher Prozesse von den Riffen gelöst haben und am Fuße der Korallenbänke rund um die Insel Okinawa verteilt sind. Seit mehr als zwei Jahrzehnten kontrolliert die japanische Regierung den Abbau dieses Korallen-Rohmaterials. Er erfolgt unter der strengen Aufsicht der Umweltschutzbehörde.

Info:

Faszinierendes Ökosystem „Korallenriff" dem Untergang geweiht?

Korallenriffe wie das Great Barrier Reef vor der Ostküste Australiens, Riffe der Fidschi-Inseln, der Malediven oder der Bahamas gehören zu den herrlichsten Ökosystemen unserer Erde und locken Jahr für Jahr eine große Schar von Touristen an, die sich von der Artenvielfalt und Farbenpracht beim Tauchen oder Schnorcheln verzaubern lassen. Mit ihren bunten Fischen, Muscheln, Seeigeln und Krebsen sind die Riffe allerdings nicht nur schön anzuschauen, sie stellen außerdem eine wichtige Nahrungsquelle für die Einheimischen dar und brechen die Wellen, mildern also die Auswirkungen von Stürmen. Weltweit beträgt ihre Ausdehnung fast 300 000 Qua-

dratkilometer. Das entspricht einer Fläche, die etwas kleiner ist als Italien.
Korallenriffe sind in den tropischen und subtropischen Gewässern aller Weltmeere zu finden, denn sie mögen es warm. Im Mittelmeer und Atlantik gibt es zwar auch Korallen, dort leben sie jedoch nicht in Symbiose mit Algen und sind deswegen auch nicht in der Lage, große Kalkskelette und Riffe zu bilden.
Lange Zeit wusste der Mensch nur wenig darüber, was sich unter der Meeresoberfläche abspielt. Erst als vor etwa einem halben Jahrhundert das Abtauchen in die Tiefen der Meere dank moderner Technik möglich wurde, begann man auch die Korallenriffe zu erkunden. Insbesondere der Einfluss des Menschen (Schifffahrt, Tourismus, Umweltbelastungen) hat in den vergangenen Jahrzehnten zu einem Korallensterben geführt. Viele farbenprächtige Tauchreviere wurden zerstört. Auch Naturkatastrophen wie der Tsunami in Südasien setzen dem Lebensraum der Korallen mächtig zu. Bei einem Wachstum von wenigen Zentimetern pro Jahr brauchen die Riffe viele Jahre oder gar Jahrzehnte, um sich zu erholen. Besonders bedroht sind sie durch dauerhaft veränderte Lebensbedingungen wie die Erwärmung der Meere. Korallen lieben es zwar warm, aber nicht zu warm.
Sterben die Korallen, verlieren sie ihre Farbe; Experten sprechen von der „Korallenbleiche". Zum Schluss bleibt lediglich ein weißes Kalkskelett übrig. Bis zu einem bestimmten Punkt können die Meeresbewohner sich regenerieren. Dauern Temperaturerhöhungen oder andere negative Einflüsse allerdings zu lange an oder sind sie zu stark, sterben die Korallen endgültig ab. Dabei sind sie Zeugen ihres eigenen Untergangs: Ihre schichtartig aufgebauten Skelette verraten Wissenschaftlern viel über die Temperaturveränderungen der Vergangenheit.
Die Korallen selbst leisten einen nicht wegzudenkenden Beitrag zur Erhaltung des Klimas, denn sie bauen in großen Mengen vulkanisch freigesetztes Kohlendioxid in ihre Skelette ein. Auf diese Weise wird der Kohlendioxidgehalt der Atmosphäre konstant

gehalten und damit kann dem Treibhauseffekt in Grenzen entgegengewirkt werden. Wie wichtig Korallenriffe für das Klima und für die Umwelt sind, hat sich mittlerweile herumgesprochen. Daher haben Japan und viele andere Staaten damit begonnen, den Lebensraum der Korallen durch intensivste Schutzmaßnahmen zu erhalten. Bleibt zu hoffen, dass diese Bemühungen Früchte tragen und die wunderschönen Riffe noch lange die Küsten der subtropischen und tropischen Regionen dieser Erde säumen.

Sango-Meeres-Korallen-Pulver: Inhaltsstoffe und ihre Wirkung

Vorsicht: Vitalstoffmangel in unserer Nahrung!

Ernährungswissenschaftler schlagen Alarm: Unsere Nahrung enthält nicht mehr die gleichen Mengen an Vitalstoffen wie früher. Demnach verdienen viele Nahrungsmittel heutzutage nicht einmal mehr den Namen „Lebens"-Mittel. Das liegt nicht nur an den Anbau- und Erntemethoden, an der unsachgemäßen Lagerung und der industriellen Verarbeitung der Nahrung, an der Fast-Food-Mentalität und daran, dass viele wertvolle Inhaltsstoffe mit dem Kochwasser im Ausguss landen, sondern auch an der zunehmenden Armut unserer Ackerböden an Mineralstoffen und Spurenelementen. Die Böden sind aufgrund intensiver Bewirtschaftung oft ausgelaugt und versorgen die Pflanzen nur noch mit geringen Mengen an Vitalstoffen. Zudem gelangen einige Mineralstoffe und Spurenelemente durch Umweltgifte und Umweltverschmutzung – wie sauren Regen und hierdurch in Gang gesetzte chemische Vorgänge – nicht mehr in ausreichendem Maße in unser Obst, unseren Salat und unser Gemüse. Und so liefern sie dem Menschen auch nicht mehr die Menge an Inhaltsstoffen, die er braucht, um vital und gesund bis ins hohe Alter zu bleiben.

Haben wir zum Beispiel früher zwei Brokkoli-Röschen gegessen, brauchen wir heute sechs, um die gleiche Calciummenge aufzunehmen. Selbst so manches Vollkornprodukt ist aufgrund ausgelaugter Ackerböden nicht mehr das, was es einmal war. Menschen, die im Alter nicht genug essen, trifft der Mangel besonders hart. Und das Tückische daran ist: Mineralstoffdefizite sind zwar weit verbreitet, der Einzelne bemerkt jedoch häufig nichts davon, denn echte Mangelerscheinungen treten zunächst nicht auf. Diffuse Symptome wie Erschöpfungszustände oder ein schlechtes Hautbild werden meist ignoriert oder anderen Ursachen zugeschrieben. Erst später entwickeln sich – häufig gepaart mit Stress und ungesundem Lebenswandel – ernsthafte Beschwerden. Mehr als zwei Drittel aller Krankheiten sind laut Weltgesundheitsorganisation (WHO) auf eine falsche Ernährungsweise zurückzuführen, darunter Störungen wie Herz-Kreislauf-Erkrankungen, Diabetes und ein schwaches Immunsystem. Der amerikanische Chemiker und zweifache Nobelpreisträger Dr. Linus Pauling (1901–1994), der gelegentlich auch als „Vitamin-C-Papst" bezeichnet wird, geht sogar noch weiter, indem er sagt: „Jede Krankheit ist direkt auf einen Mineralstoffmangel zurückzuführen."

Die Lösung: Mineralstoffe und Spurenelemente in natürlichem Verhältnis

Liefern uns die Nahrungsmittel nicht mehr genügend Vitalstoffe, müssen wir diese zusätzlich über Nahrungsergänzungen zu uns nehmen. Wenig Sinn macht es allerdings, sie dem Körper als Monopräparat, also einzeln zu verabreichen, denn die Verwertbarkeit und damit die Wirksamkeit bestimmter Mineralien ist wiederum von anderen abhängig. Besser ist es, sie dem Organismus in natürlichem Zustand und in einem Mischungsverhältnis zuzuführen, das der Organismus des Menschen gut verarbeiten kann. Sango-Meeres-Korallen liefern beides:

- Sie enthalten Mineralien, die von einem Organismus, den Polypen, hergestellt wurden, also keiner anorganischen Quelle entstammen. Experten gehen davon aus, dass unser Körper solche aus organischer Produktion stammenden Inhaltsstoffe besser aufnehmen kann als anorganisch entstandene, wie sie in herkömmlichen Mineralstoffpräparaten meist zu finden sind.
- Sie enthalten viele verschiedene Mineralstoffe und Spurenelemente, die im Gewebe eines gesunden Menschen von Natur aus vorkommen, und zwar in einem ähnlichen Mischungsverhältnis. Das natürliche Gleichgewicht im Körper bleibt durch die Zufuhr solcher aus-

gewogener Mixturen gewährleistet. Vor allem unser Skelettaufbau scheint dem vom Meeres-Korallen sehr ähnlich zu sein.

Korallengerüste als verträgliche Knochenimplantate

Schon länger weiß man, dass der Aufbau des menschlichen Skeletts dem des Korallenskeletts ähnlich ist. Das geht so weit, dass Korallengerüste vom Körper des Menschen sehr gut vertragen werden. Beispielsweise ist es Pariser Wissenschaftlern gelungen, Knochen mit komplizierten Frakturen zu heilen, indem Knochenzellen mit Pfröpflingen aus Meeres-Korallen versehen wurden.[1] Britische Ärzte haben es sogar geschafft, einen Teil eines menschlichen Daumens, den ein Mann bei einem Arbeitsunfall verloren hatte, aus seinen Körperzellen und einem Stück Koralle nachzubilden. Die Zellen wurden im Labor vermehrt und dann in ein poröses Korallengerüst gespritzt, das die Form des zerstörten Daumenknochens hatte. Dieses Korallenskelett wurde dem Patienten als Knochenersatz eingepflanzt. Nach neun Monaten bestand ein großer Teil des implantierten Knochens immer noch aus dem Korallenmaterial. Darüber hinaus hatte sich neuer Knochen gebildet. Für unseren Organismus sehr wertvoll sind Korallen also auch deshalb, weil ihr Aufbau dem des menschlichen Skeletts sehr ähnlich ist.

Korallenpulver hat es in sich: Wertvolle Wirkstoffe in ionisierter Form

Sango-Meeres-Korallen enthalten mehr als 70 Mineralstoffe und Spurenelemente, darunter lebensnotwendige Substanzen wie Zink, Selen, Chrom und Jod. Besonders hoch ist der Anteil an Calcium (20 Prozent) und Magnesium (10 Prozent). Dieses Calcium-Magnesium-Verhältnis von 2:1 ist von besonderer Bedeutung für die gesundheitsfördernden Eigenschaften der Meeres-Korallen. Im Prinzip tragen jedoch alle Inhaltsstoffe auf die eine oder andere Weise dazu bei, uns gesund zu erhalten und die Mineralstoffreserven der Zellen und der Gewebe, die beispielsweise durch mangelhafte Ernährung verloren gegangen sind, wieder aufzufüllen. Nur so besitzt der Körper die Fähigkeit, sich in stressigen Zeiten oder nach einer Krankheit zu regenerieren, und nur so erlangt er die Kraft, um tagtäglich die Angriffe durch Krankheitskeime erfolgreich abwehren zu können.

Besonders hervorzuheben ist, dass die Mineralstoffe und Spurenelemente in Nahrungsergänzungen aus Pulver der Sango-Meeres-Korallen in ionisierter Form vorliegen. Die Inhaltsstoffe „ionisieren" also, sobald sie in Wasser gelöst werden – was bedeutet, dass sie dort dann in der kleinsten ungebundenen Form vorliegen, in der sie die Zellwände sehr gut durchdringen können. Auf chemische Weise hergestellte, anorganische Mineralienkomplexe können das nicht. Die erstaunlichen Effekte, die sich nach der Einnahme von Sango-Meeres-Korallen einstellen, sind vor allem auf die ionisierte Form, in der Mineralstoffe und Spurenelemente vorliegen, zurückzuführen. So können sie direkt durch die Zellmembranen in die Zelle geschleust werden und dort ihre segensreichen Wirkungen entfalten.

Die ionisierten Vitalstoffe sind nun an einer Vielzahl von entscheidenden Körperfunktionen beteiligt. So sind sie zum Beispiel ein Bestandteil von Hormonen und Vitaminen. Zudem erfüllen viele von ihnen die wichtige Aufgabe, Enzyme zu aktivieren, die für alle lebensnotwendigen Vorgänge im menschlichen Organismus benötigt werden. Ohne diese „Biokatalysatoren" könnten wir weder schlafen noch denken, weder laufen noch essen. Sie helfen uns außerdem dabei, unsere Nahrung zu verdauen, das heißt in ihre Bestandteile zu zerlegen, sodass der Körper diese überhaupt erst verwerten kann. Ohne Enzyme existiert also kein Leben.

Eine wichtige Eigenschaft der ionisierten Wirkstoffe in Sango-Meeres-Korallen – insbesondere des Calciums – ist, dass sie unsere Körperflüssigkeiten alkalisch werden lassen. Und diese basisch aktiven Substanzen leisten nun einen herausragenden Beitrag zur Entsäuerung des Organismus. Wie das im Einzelnen geschieht und von welch entscheidender Bedeutung ein ausgeglichenes Säure-Basen-Verhältnis für die Gesundheit und das Wohlbefinden ist, wird im Kapitel „Sango-Meeres-

Korallen: Der Schlüssel für einen ausgeglichenen Säure-Basen-Haushalt" (Seite 42 ff.) ausführlich erörtert.

Info:

Wichtige Funktionen ionisierter Mineralstoffe und Spurenelemente im Körper des Menschen

Die ionisierten Mineralstoffe und Spurenelemente der Sango-Meeres-Korallen durchdringen aufgrund ihrer winzigen Größe problemlos die Zellwände und gelangen auf diese Weise sehr schnell an ihre Zielorte: die Zellen. Dort sind sie an Hunderten von Stoffwechselprozessen, an der Entgiftung und der Einschleusung von Sauerstoff beteiligt.
Mit Hilfe von Sango-Meeres-Korallen lassen sich die Calciumspeicher und die Depots für andere Mineralstoffe und Spurenelemente auffüllen. Diese Reserven werden benötigt, um die Körperflüssigkeiten leicht alkalisch zu halten und so einer Übersäuerung vorzubeugen. Calcium und andere basenaktive Mineralstoffe der Sango-Meeres-Korallen binden für den Körper schädliche Säuren. Diese chemischen Verbindungen werden anschließend über die Nieren ausgeschieden.

Hohe Bioverfügbarkeit garantiert

Wie bei anderen Nahrungsergänzungsmitteln stellt sich auch bei den Sango-Korallen die Frage: Wie viele ihrer gesundheitsfördernden Substanzen kann der Mensch tatsächlich aufnehmen? Wie viel kommt in den Zellen wirklich an? – Die Antwort ist ebenso einfach wie die Erklärung: Weil die Mineralstoffe und Spurenelemente in Wasser gelöst ionisieren, erreicht ein großer Teil dessen, was der Mensch seinem Körper in Form von Sango-Meeres-Korallen zuführt, die Zellen. Denn: Die Inhaltsstoffe solcher flüssigen, ionisierten Lösungen haben eine 10- bis 18-mal höhere Bioverfügbarkeit als die handelsüblicher Produkte in

Komplexform.[2] In Komplexverbindungen gelangt beispielsweise Calcium nur schwer in unsere Zellen. Komplexe Mineralstoffverbindungen können die Zellmembran nicht so leicht passieren, sondern lagern sich schlimmstenfalls sogar an den Wänden der Blutgefäße oder in den Gelenken ab, wenn der Körper sie nicht aufspalten und verwerten kann. Die Aufnahme der sehr kleinen Mineralstoff-Ionen in die Zellen unseres Organismus ist dagegen eher vergleichbar mit der von Traubenzucker, der sehr schnell in die Blutbahn gelangt. Nach Forschungsergebnissen von Dr. Carl J. Reich und Robert R. Barefoot liegt die Resorptionsquote der in Meeres-Korallen enthaltenen ionisierten Mineralstoffe und Spurenelemente bei etwa 60 bis 90 Prozent.[3]

Korallen-Calcium: Mineralstoffquelle par excellence

Wer über die hohe Bioverfügbarkeit der Inhaltsstoffe in Sango-Meeres-Korallen spricht, kommt nicht darum herum, die herausragende Rolle des Korallen-Calciums zu erwähnen. Sein Anteil an Mineralstoffen und Spurenelementen ist mit 20 Prozent außergewöhnlich hoch. Hinzu kommt, dass Calcium aus Sango-Meeres-Korallen sehr gut und schnell vom Körper des Menschen verwertet werden kann. Das haben japanische Ärzte und Wissenschaftler am *Higashi-Hospital* in Sapporo herausgefunden.[4] Demnach konnten die Teilnehmer einer Studie das Korallen-Calcium wesentlich besser über den Darm aufnehmen als herkömmliches Calciumkarbonat. So ist sichergestellt, dass Korallen-Calcium, eine der Schlüsselsubstanzen für unsere Gesundheit, auch wirklich dort ankommt, wo wir es benötigen: in unserem Organismus und in seinen Zellen. Dadurch zeichnen sich gute Calciumprodukte aus: Primär ist nicht wichtig, wie viel Calcium eine Nahrungsergänzung enthält, sondern ob und wie schnell der Körper einen Nutzen daraus ziehen kann. Das Calcium der Sango-Meeres-Korallen gelangt bereits innerhalb von 20 Minuten in den Blutkreislauf – mit einer Bioverfügbarkeit von etwa 90 Prozent. Damit läuft es anderen Calcium-Nahrungsergänzungen den Rang ab. Diese weisen lediglich eine Verfügbarkeit bei 20 bis 40 Prozent auf.

Auf ein ausgewogenes Calcium-Magnesium-Verhältnis kommt es an

Bemerkenswert und für den menschlichen Organismus von besonderer Bedeutung ist das in den Sango-Meeres-Korallen vorliegende Calcium-Magnesium-Verhältnis von 2:1.[5] Ähnlich finden wir es in vielen gesunden Obst- und Gemüsesorten. Sango-Korallen, die nicht aus dem Meer, sondern aus Landminen stammen, weisen diese 2:1-Relation übrigens nicht auf (siehe unter „Reinheit, Qualität und Herstellung von Sango-Meeres-Korallen-Pulver", Seite 90 ff.). Ihr Magnesiumgehalt ist wesentlich geringer.

Befürchtungen, dass sich Calcium- und Magnesium-Ionen gegenseitig bei der Aufnahme in den Körper des Menschen behindern, haben sich nicht bestätigt. Im Gegenteil: Untersuchungen in Japan haben gezeigt, dass das Calcium in den Sango-Meeres-Korallen sehr gut verwertet werden kann, obwohl bzw. gerade weil die Korallen im Vergleich zu anderen Calciumquellen reichlich Magnesium mitliefern:[6] Auf die Knochendichte scheint sich dieses Verhältnis besonders günstig auszuwirken.[7] Ernährungswissenschaftler sind davon überzeugt, dass gerade bei einer Calcium-Magnesium-Relation von etwa 2:1 ein Zustand eintritt, in dem keiner der beiden Mineralstoffe zu einer verminderten Aufnahme des anderen Stoffes führt.

Nicht nur bei der Aufnahme von Magnesium und Calcium in unseren Körper können Wechselwirkungen auftreten. Die beiden Mineralstoffe arbeiten bei vielen in unseren Organen ablaufenden Prozessen Hand in Hand. Auch im Organismus Mensch scheint dabei ein Calcium-Magnesium-Verhältnis von 2:1 äußerst hilfreich für den Mineralstoffhaushalt zu sein, das hat ein japanisches Forscher- und Ärzteteam herausgefunden. Ihren Untersuchungen zufolge wirkt sich eine Calcium-Magnesium-Relation von 2:1 auf einen reibungslosen Ablauf von biochemischen Vorgängen innerhalb und außerhalb unserer Zellen sehr günstig aus. Demnach wird für Prozesse, an denen Calcium-Ionen innerhalb und außerhalb der Zellen teilhaben, genau die halbe Menge Magnesium benötigt.[8] Das bedeutet: Gelangen beispielsweise 100 Milligramm ionisiertes Korallen-Calcium in den Blutkreislauf und von dort aus in die Zellen, in denen es an lebensnotwendigen Stoffwechselfunktionen beteiligt ist, werden zur gleichen Zeit 50 Milligramm Magnesium verbraucht. Die Zufuhrempfehlungen der Deutschen Gesellschaft für Ernährung (DGE) und die RDA-Werte *(Recommended Dietary Allowances)*, die Nährstoffempfehlungen der amerikanischen Gesundheitsbehörde, an denen sich auch die Europäische Union orientiert, spiegeln dieses Verhältnis in etwa wider.

Wertvolle Vitalstoffe: Leistungssteigerung für Herz und Hirn

Ähnlich wie Vitamine sind Mineralstoffe und Spurenelemente für den Menschen essenziell. Das bedeutet: Der Körper benötigt sie zwar dringend für lebenswichtige Stoffwechselfunktionen, er ist jedoch nicht in der Lage, sie selbst herzustellen. Unser Organismus ist deswegen darauf angewiesen, sie mit der Nahrung oder über Nahrungsergänzungsmittel wie Sango-Meeres-Korallen aufzunehmen.

Mineralstoffe und Spurenelemente unterscheiden sich voneinander einzig und allein durch die Menge, die unser Körper von ihnen benötigt. Mineralstoffe werden „als Makro- oder Mengenelemente“ bezeichnet, weil der Mensch sie in größeren Mengen zu sich nehmen muss, damit der Körper keinen Schaden nimmt (Tagesbedarf über 100 Milligramm). Zu den Mineralstoffen gehören Kalium, Natrium, Calcium, Magnesium und Phosphor. Spurenelemente sind im Prinzip ebenfalls Mineralstoffe, werden aber „Mikro- oder Spurenelemente“ genannt, da unser Organismus sie lediglich in geringen Mengen, also in Spuren braucht (Tagesbedarf unter 100 Milligramm). Zu ihnen zählen unter anderem Eisen, Selen, Zink und Jod.

Auf den folgenden Seiten werden die wichtigsten Mineralstoffe und Spurenelemente vorgestellt, die in Sango-Meeres-Korallen enthalten sind. Viele kommen in sehr geringen Konzentrationen vor. Allerdings ist der absolute Gehalt in diesem Fall nicht entscheidend für die Qualität der Nahrungsergänzung. Vielmehr ist das einzigartige Mischungsverhältnis der Mineralstoffe und Spurenelemente das Besondere an den Korallen. Sie enthalten eine Vielzahl von Inhaltsstoffen und das in einer ähnlichen Relation, in der sie auch im Körper des Menschen vorzufinden sind.

Tabelle: Wichtige Mineralstoffe und Spurenelemente auf einen Blick*

Mineralstoff/Spurenelement	**Mengenverhältnis in ppm****
Bor	2,30
Cäsium	0,209
Calcium	226 000
Chrom	3,11
Eisen	129
Fluor	0,39
Germanium	5,21
Jod	7,21
Kalium	69,5
Kobalt	unter 0,02
Kupfer	3,01
Lithium	1,57
Magnesium	112 900
Mangan	5,22
Molybdän	unter 0,01
Natrium	490
Nickel	0,011
Selen	0,019
Silizium	215
Vanadium	148
Wismut	5,15
Zink	8,95
Zinn	0,041

* Chemische Analyse von 100 Prozent reinem Pulver aus Sango-Meeres-Korallen-Fossilien

** Die Maßeinheit *ppm* bedeutet „Teile pro Million" (von Englisch: *parts per million*); 10 000 ppm = 1 Prozent

Stoffwechselfunktionen der Mineralstoffe

Calcium – Vielfalt ist Trumpf

Sango-Meeres-Korallen enthalten etwa 20 Prozent Calcium. Für den Menschen ist die Substanz lebensnotwendig. Im Skelett eines Erwachsenen befindet sich etwa ein Kilogramm Calcium. Der Mineralstoff ist an Hunderten von Stoffwechselfunktionen beteiligt, von denen an dieser Stelle nur einige genannt werden können. Er aktiviert zahlreiche Enzyme, ist wichtiger Bestandteil jeder Zellwand und hält diese zusammen – ähnlich wie ein Klebstoff. Calcium liefert die Energie für die elektrischen Impulse des Herzschlages und reguliert Muskel- und Nervenkontraktionen. Es öffnet die Nährstoffkanäle in den Zellmembranen und schleust Sauerstoff in die Zellen. Die Substanz beeinflusst außerdem die Blutgerinnung sowie den Blutdruck und unterstützt die Funktion von Vitamin D und der Nebenschilddrüse. Außerdem ist Calcium ein essenzieller Baustein der Hormone. Besonders wichtig ist der Mineralstoff für den Säure-Basen-Haushalt. In dieser Funktion trägt er Sorge für die Alkalität des Blutes, der Zellen und der Gewebe. Calcium ermöglicht insbesondere aufgrund der Fähigkeit, das Milieu von Zellen zu alkalisieren, den Aufbau von DNS, des Trägers der Erbinformation. Darüber hinaus produziert der Mineralstoff die erforderliche elektrische Spannung für alle entscheidenden biochemischen Reaktionen. Und damit nicht genug: Er ist essenziell für den Aufbau und Erhalt von Haut, Zähnen und Knochen sowie für die Bildung von Zellbausteinen. Und der Mineralstoff wirkt entzündungshemmend und antiallergisch.

Kalium leitet Reize

Kalium ist von Bedeutung für die Weiterleitung von Nervenreizen und für Muskelkontraktionen. Der Mineralstoff hilft bei der Umwandlung von Glukose in den Speicherstoff Glykogen, wird für die Nebennierenfunktion benötigt und stimuliert die Nierenfunktion. Kalium spielt auch bei der Aufrechterhaltung des osmotischen Drucks in den Zellen eine wichtige Rolle, steuert die Synthese von Eiweißen und baut Haut, Zähne und Knochen mit auf. Es ist neben Calcium wichtig für die Alkalität in den Zellen, im Gewebe und im Blut.

Magnesium gegen Stress

Magnesium ist wichtig zur Erhaltung der Erbinformationsträger DNS und RNS. Der Mineralstoff aktiviert viele Enzyme, übernimmt eine bedeutende Funktion bei der Synthese von verschiedenen Aminosäuren und ist für den Aufbau von Knochen und Zähnen erforderlich. Magnesium verringert Bluthochdruck und beeinflusst den Alterungsprozess günstig. Zudem wird Magnesium zur Muskelkontraktion benötigt, was seine hohe Wirksamkeit im Einsatz gegen Muskelkrämpfe erklärt. Es reguliert die Durchlässigkeit von Zellmembranen und dämpft die Erregbarkeit von Nerven. In Studien wurde festgestellt, dass Magnesium die Widerstandskraft des Körpers erhöht und Herz-Kreislauf-Störungen, Schlaflosigkeit, Kopfschmerzen und Schweißausbrüche sehr günstig beeinflusst. Magnesium wird als „Anti-Stress-Mineral" bezeichnet, weil ein Mangel die Stressanfälligkeit erhöht.

Natrium regt die Nerven an

Natrium ist der Gegenspieler des Kaliums. Der Mineralstoff reguliert gemeinsam mit Kalium das Säure-Basen-Gleichgewicht der Flüssigkeit in den Zellzwischenräumen und hat eine wichtige Funktion bei der Erregung von Nerven und Muskeln. Natrium beeinflusst außerdem den pH-Wert der Zellflüssigkeit und die Funktion der Zellmembranen. Zudem steuert der Mineralstoff die Aufnahme von Zucker und Aminosäuren über die Darmwand.

Spurenelemente und ihre Aufgaben

Bor stärkt die Knochen

Bor wird in Spuren für die Aufnahme von Calcium sowie zur Stärkung der Knochen benötigt. Außerdem dient das Spurenelement der Regulierung des Östrogen- und Testosteronspiegels im Blut.

Mit Cäsium gegen den Verfall

Cäsium neutralisiert Säuren und hilft bei degenerativen Erkrankungen. Ist das Spurenelement erst einmal in einer menschlichen Zelle angelangt, kann es diese nicht mehr verlassen.

Mehr Muskeln mit Chrom

Chrom ist ein Spurenelement, das die Abnahme des Körperfettes zugunsten von Muskelmasse bewirkt. Es ist wichtig für die Herstellung von Eiweißen und beeinflusst die Cholesterinwerte positiv. Zudem reguliert es den Blutzuckerspiegel und dient daher der Verhütung von *Diabetes mellitus* (Zuckerkrankheit).

Eisen bringt Sauerstoff ins Blut

Eisen wird für die Herstellung vieler Enzyme und für die Blutbildung benötigt. Es fördert die Sauerstoffaufnahme. Außerdem ist das Spurenelement essenziell für den Sauerstofftransport, die Immunabwehr und die Muskelfunktion.

Fluor für starke Zähne

Fluor ist am Aufbau unserer Zähne und Knochen beteiligt. Das Spurenelement wird von vielen Zahnärzten zur Vorbeugung gegen Karies empfohlen.

Mit Germanium Viren vorbeugen

Germanium hat die Funktion eines Sauerstofftransporters. Dadurch hilft es, das Gewebe mit Sauerstoff zu versorgen. Außerdem unterstützt das Spurenelement den Körper bei der Vorbeugung von Virusinfektionen.

Jod ist in der Schilddrüse dick im Geschäft

Jod ist ein wichtiger Bestandteil vieler Enzyme und ein Baustein des Schilddrüsenhormons Thyroxin, das die Herzfrequenz, die Körpertemperatur, die Verdauung, den Grundumsatz, das Körpergewicht sowie das Nerven- und das Fortpflanzungssystem reguliert.

Kobalt in Spuren genießen

Kobalt ist ein Baustein vieler Enzyme und in Spuren nötig für die Produktion des Schilddrüsenhormons Thyroxin. Außerdem ist Kobalt ein wesentlicher Bestandteil von Vitamin B12, das für die Bildung der roten Blutkörperchen erforderlich ist.

Kupfer färbt Haut und Haare

Kupfer ist ein essenzieller Bestandteil vieler Enzyme in der Leber und solcher, welche die Elastizität der Haut, der Knorpel und der Muskeln erhalten. Das Spurenelement hilft dem Körper dabei, krankhaften Gefäßerweiterungen und Arthritis vorzubeugen. Zudem wird Kupfer im Körper für die Farbe von Haut und Haaren, für den Jodstoffwechsel und die Eisenaufnahme benötigt.

Lithium stärkt die Nerven

Lithium unterstützt und stabilisiert die Funktion des zentralen Nervensystems. Mit Hilfe des Spurenelementes kann manisch-depressives Verhalten positiv beeinflusst werden. Ein Mangel wurde bei Unfruchtbarkeit und Wachstumsstörungen nachgewiesen.

Mangan – dem Gedächtnis zuliebe

Mangan ist ein wesentlicher Bestandteil vieler Hormone und Eiweiße, darunter einige Enzyme. Außerdem ist das Spurenelement wichtig, um freie Radikale abzuwehren. Es beeinflusst die Bildung von Knochen und Knorpel positiv, unterstützt die Muskelreflexe, verbessert das Gedächtnis und wirkt Erschöpfungszuständen entgegen. Ein Manganmangel wurde bei Menschen mit Asthma und Karpal-Tunnel-Syndrom nachgewiesen.

Molybdän steigert das Wohlbefinden

Molybdän ist ein Bauteil vieler wichtiger Enzyme und somit an lebensnotwendigen Vorgängen im Körper wesentlich beteiligt. Es beugt Anämie (Blutarmut) vor und steigert das Wohlbefinden.

Nickel – in einigen Enzymen mit von der Partie

Nickel wird im Körper des Menschen lediglich in ganz geringen Mengen benötigt. Das Spurenelement ist ein Bestandteil verschiedener Enzyme.

Selen – Zellschutz vom Feinsten

Selen fängt für den Körper äußerst schädliche freie Radikale ab. Es ist das stärkste metallische Antioxidationsmittel. Es schützt insbesondere Zellfette und fettähnliche Substanzen. Außerdem unterstützt das Spurenelement das Immunsystem und hilft bei starkem Herzklopfen. Zusammen mit den Vitaminen C und E senkt Selen das Herzinfarktrisiko. Selenmangel kann zu rheumatischen Beschwerden, Störungen der Muskelfunktion und zu schneller Gewebealterung führen.

Mit Silizium natürlich schön

Silizium verbessert die Struktur von Haaren und Fingernägeln und ist gut für die Haut. Es ist wichtig für ein gesundes Bindegewebe und die Entwicklung der Knochen.

Vanadium reguliert den Blutzuckerspiegel

Vanadium unterstützt den Aufbau von DNS (Träger der genetischen Information). Zudem reguliert das Spurenelement den Blutzuckerspiegel und beugt auf diese Weise Diabetes vor.

Mit Wismut gegen *Helicobacter pylori*

Wismut ist in der Lage, Bakterien vom Typ *Helicobacter pylori* abzutöten. Diese gelten als Auslöser von Magengeschwüren.

Zink heilt alle Wunden

Zink wird für die Eiweißsynthese und die Kollagenbildung benötigt. Das Spurenelement fördert die Entwicklung von Herz und Lunge und die Wundheilung. Als Antioxidationsmittel schützt es den Organismus vor Schäden durch freie Radikale. Außerdem regt Zink das Immunsystem an und ist für den Hormonstoffwechsel und die Funktion der Prostata wichtig.

Besser hören mit Zinn

Zinn kann bei der Vorbeugung von Haarausfall und Gehörverlust hilfreich sein.

Sango-Meeres-Korallen: Der Schlüssel für einen ausgeglichenen Säure-Basen-Haushalt

Sauer macht nicht lustig, sondern krank

Warum fühlen sich manche Menschen so häufig unwohl, leistungsschwach, schlapp, müde und jeder Energie und Lebenslust beraubt? Die Antwort auf diese Frage ist meist schnell gefunden: Unsere Ernährungs- und Lebensweise laugt unseren Körper im wahrsten Sinne des Wortes aus. Das heißt, ihm werden lebensnotwendige Basen (auch „Laugen" genannt) entzogen. Die Folge davon: Der Stoffwechsel übersäuert, weil die Körperflüssigkeiten sauer sind, also einen pH-Wert aufweisen, der unter 7 liegt. Beim gesunden Menschen sind die Flüssigkeiten im Körper alkalisch, haben also einen relativ hohen pH-Wert – im Blut liegt er beispielsweise bei 7,4. Diesen Wert konstant zu halten ist neben der Atmung und dem Herzschlag die wichtigste Funktion des Körpers.

Schätzungen zufolge ist dieser Mechanismus bei 70 bis 90 Prozent der europäischen Bevölkerung gestört. Sie zählen zur Kategorie „saurer Mensch". Da viele Stoffwechselprozesse in einem sauren Milieu nicht stattfinden können, müssen die überschüssigen Säuren bei diesen Menschen mit Kraftaufwand unermüdlich neutralisiert und ausgeschieden werden, sodass die Zellen und damit der gesamte Organismus letztlich die Chance haben, gesund zu bleiben. Während Schulmediziner das „Säureproblem" meist leugnen, sind alternative Heilkundler davon überzeugt, dass der menschliche Organismus nur bei einem ausgeglichenen Säure-Basen-Verhältnis gut funktionieren kann. Stellvertretend für alle anderen Flüssigkeiten im Körper lässt sich der Säuregrad im Speichel nachweisen: Gesunde Kinder und Sportler weisen beispielsweise einen alkalischen Speichel auf, während er bei kranken Menschen im sauren Bereich liegt (siehe unter „Ermitteln Sie Ihren Säuregrad mit dem Speicheltest“, Seite 98 ff.).

Um das lebenswichtige Gleichgewicht von Säuren und Basen aus eigener Kraft herzustellen, stehen unserem Körper verschiedene Wege offen:

- Überschüssige Säuren werden über die Lunge, die Leber, die Haut, den Darm und insbesondere über die Niere ausgeschieden. Die Kapazität dieser Organe reicht allerdings meist nicht aus, sodass die Säuren zunächst im Organismus neutralisiert werden müssen.

- Zur Neutralisierung der Säuren wird eine große Menge an basischen Mineralstoffen benötigt. Das Prinzip sieht wie folgt aus: Über das Bikarbonat-Puffersystem werden zum Beispiel Natrium-Ionen mit Bikarbonat verbunden. Diese Verbindungen „umhüllen“ die Säuren. Werden dem Organismus für diesen Prozess nicht genügend Mineralstoffe mit der Nahrung zugeführt, entnimmt er sie den Depots, den letzten Reserven des Körpers, die dabei kontinuierlich abnehmen, bis sie schließlich vollständig geplündert sind. So rauben wir unseren Zellen, Knochen und Zähnen lebensnotwendige und Struktur gebende Substanzen. Das führt auf lange Sicht dazu, dass die Zellen nicht mehr richtig arbeiten können, die Knochen brüchig und die Zähne schlecht werden.

- Damit die durch die basischen Stoffe neutralisierten Säuren, jetzt nutzlose Abfallstoffe, unsere Zellen nicht verstopfen, werden sie regelmäßig aus dem Verkehr gezogen. Sie werden entweder über die Nieren ausgeschieden oder vielfach in der „Mülldeponie“ unseres Körpers, im Bindegewebe und in gelenknahen Geweben, als Schlacken zwischen- und bei weiter bestehendem Säureüberschuss praktisch endgelagert.

Die Mineralstoffdepots des Menschen

• Adern • Blut • Haare • Haut • Knochen •
• Knorpel • Nägel • Sehnen • Zähne•

Bei Säureüberschuss werden diese Mineralstoffreserven geplündert.

Das mit einer Übersäuerung einhergehende Auslaugen der Mineralstoffdepots und das Ablagern von schädlichen Schlackenstoffen im Gewebe haben dramatische Auswirkungen auf die Gesundheit: Leistungsfähigkeit und Widerstandskraft des Organismus sinken, die Struktur von Knochen und Gelenken wird schlechter und Krankheiten treten immer häufiger auf. Im Extremfall kann das Ausplündern der eigenen Mineralstoffreserven zu schweren Störungen des Stoffwechsels führen, was sich in verschiedenen Krankheiten – von ernsthaften Darmerkrankungen über Autoimmunkrankheiten bis hin zu Osteoporose (Knochenschwund) und rheumatischen Beschwerden wie Arthritis – manifestieren mag. Mehr als 150 Krankheiten werden mit einer chronischen Übersäuerung in Verbindung gebracht.

Weniger für die Gesundheit, dafür aber für das Selbstwertgefühl von Bedeutung: Unter einem ständigen Säureüberschuss leidet auch das Aussehen. Die Struktur der Haut und das Wachstum von Fingernägeln und Haaren lassen mehr und mehr zu wünschen übrig.

Viele Gründe für das gestörte Gleichgewicht

Insbesondere bei chronischen Krankheiten kann es zu schweren Entgleisungen im Säure-Basen-Haushalt in Richtung sauren Bereich kommen. Selbst bei leichten Erkrankungen wie Erkältungen kann das Gleichgewicht kippen. Und das hat Folgen: Einerseits führen Krankheiten dazu, dass der Körper sauer wird, andererseits verstärkt ein saurer Organismus die Krankheit. Wer in einem solchen Fall nicht rechtzeitig reagiert und die Basenspeicher auffüllt, riskiert ein Fortschreiten der Beschwerden.

Einem Überschuss an Säure in unserem Körper müssen nicht unbedingt Krankheiten zugrunde liegen. Überwiegend ist die Übersäuerung hausgemacht und die Konsequenz aus ungesunden Lebens- und Ernährungsgewohnheiten. Folgende Faktoren können einen Mangel an Mineralstoffen und Spurenelementen verursachen und bewirken, dass ein Mensch buchstäblich sauer reagiert:

- zu üppiger Verzehr von Säure bildenden Nahrungsmitteln (Süßspeisen, Fleisch, Wurst, Hefe, Weißmehlprodukte, saures calciumarmes Trinkwasser, Cola-Getränke, Kaffee etc.)
- verminderte Aufnahme von Basen bildenden Lebensmitteln (Blattsalate, Gemüse, Obst, Kartoffeln, Molke, Kräutertee etc.)
- übermäßiger Konsum der „Genuss“-Gifte Alkohol und Nikotin
- Infektionen mit Bakterien, Parasiten, Hefen, Pilzen und anderen Mikroorganismen
- zu intensive körperliche Anstrengung in Beruf und Sport
- Stress, vor allem in Verbindung mit zu wenig Schlaf, mit Angst und Ärger
- Belastung durch Umweltgifte wie Schwermetalle (Quecksilber und andere) zum Beispiel in den Zähnen
- Lebensmittelzusatzstoffe (Phosphate, andere Konservierungsstoffe, Farb- und Süßstoffe, Geschmacksverstärker etc.) in kommerziell hergestellten und verarbeiteten Nahrungsmitteln

Das oberste Gebot lautet: Solche Säurebildner müssen unbedingt gemieden werden! Am einfachsten funktioniert das bei der Ernährung. Die Tabelle „Basische und saure Lebensmittel“ bietet eine erste Orientierung dafür an, welche Nahrungsmittel Basen bildend sind und deswegen unbedingt auf jeden Speiseplan gehören und welche sauer reagieren. Jedes Mal, wenn wir Säure bildende Nahrungsmittel essen, nehmen wir potenziell schädliche Säuren auf und zwingen den Organismus dazu, wertvolle Mineralstoffe zu verbrauchen. Übersäuerung ist in diesem Sinne nichts anderes als ein Mangel an basischen Mineralstoffen und Spurenelementen im Körper.

Tabelle:

Basische und saure Lebensmittel

Säurebildner (vermeiden)	**neutral (erlaubt)**	**Basenbildner (erwünscht)**
	Nahrungsergänzungen	
		Produkte mit basischen Vitalstoffen wie Sango-Meeres-Korallen
	Nahrungsmittel tierischer Herkunft	
Eier, Käse, saure Sahne; Fleisch, Schinken, Wurst, Fisch, Meeresfrüchte	Milch, Buttermilch, Jogurt, Sahne	Molke
	Nahrungsmittel pflanzlicher Herkunft	
Gemüsekonserven	Tofu, Sojaprodukte, Hülsenfrüchte, Nüsse, Zwiebeln, Knoblauch	Sprossen, Keimlinge, Salate, Kartoffeln, frisches Gemüse, Kräuter
unreifes Obst, Obstkonserven; Zucker, Süßigkeiten, Kuchen	Preiselbeeren; Ahornsirup, Honig	reifes frisches Obst, Obstessig

Säurebildner (vermeiden)	**neutral (erlaubt)**	**Basenbildner (erwünscht)**
Weißmehlprodukte	Produkte aus Vollkorngetreide	
	Getränke	
Rotwein, Sekt, schwarzer Tee, Kaffee; kohlensäurehaltiges Mineralwasser; Limonade, Cola, Fruchtnektar	Weißwein, Bier; stilles Mineralwasser	Kräutertees; frische Obst- und Gemüsesäfte
	Sonstiges	
Nikotin		

Korallen-Mineralstoffe füllen leere Depots

Meist reicht die Strategie, Säure bildende Nahrungsmittel zu meiden, allein nicht aus, um den Körper in ein Gleichgewicht zu bringen – zumal nur wenige Menschen Ärger und Stress im Beruf oder Privatleben einfach aus dem Weg gehen können. Zudem lassen sich chronische Krankheiten nicht einfach abstellen. Und wer hat schon Einfluss auf die Belastungen, die durch Umweltschadstoffe unentwegt und von überall her auf den eigenen Körper einströmen? Hinzu kommt, dass selbst die vollwertigste Ernährung heutzutage meist nichts mehr nutzt, weil der Gehalt an Mineralstoffen und Spurenelementen unserer vermeintlich gesunden Nahrungsmittel wie Obst, Salate und Gemüse infolge ausgelaugter und mit Umweltgiften angereicherter Ackerböden hochgradig reduziert ist (siehe unter „Vorsicht: Vitalstoffmangel in unserer Nahrung!“, Seite 27 ff.).

Um das natürliche Säure-Basen-Gleichgewicht trotz all dieser Unwägbarkeiten herzustellen und zu erhalten, gibt es nur einen Weg: Für den Organismus leicht verwertbare, basisch wirksame Mineralstoffe müssen in Form von Nahrungsergänzungen wie Sango-Meeres-Korallen zugeführt werden. Diese zusätzliche Quelle versorgt den übersäuerten Organismus effektiv mit lebenswichtigen basischen Substanzen in einem ausgewogenen Mischungsverhältnis, zu dem vor allem eine Calcium-Magnesium-Relation von 2:1 gehört (siehe unter „Auf ein ausgewogenes Calcium-Magnesium-Verhältnis kommt es an“, Seite 33 ff.). Mit Hilfe dieser Inhaltsstoffe können die Säuren neutralisiert und die dadurch entstandenen Substanzen über die Nieren ausgeschieden werden. Die Mineralstoffdepots werden so auf lange Sicht gefüllt und die Beschwerden, die ihren Ursprung in einem Mineralstoffverlust haben, verschwinden wie von selbst. Auf diese Weise unterstützen basische Nahrungsergänzungsmittel wie Sango-Meeres-Korallen den Körper dabei, sich selbst zu heilen.

Defizite in den Zellen ausgleichen

Wie der saure Regen den Wäldern zusetzt, so beeinträchtigt ein Säureüberschuss die 70 Billionen Zellen eines Menschen in ihrer Funktion. Denn, und das haben amerikanische Wissenschaftler herausgefunden: Die Ursache für das Säureproblem liegt in den Zellen selbst.[9] Diese werden ihrer Mineralstoffreserven durch Übersäuerung beraubt. Ein Plus für die Sango-Meeres-Korallen: Ihre ionisierten Mineralstoffe und Spurenelemente gelangen sehr schnell an den Ort des Geschehens – in die Zellen. Dort werden die Depots mit ihrer Unterstützung aufgefüllt und überschüssige Säuren neutralisiert. Calcium spielt hierbei eine wichtige Rolle. In seiner ionisierten Form ist der basische Mineralstoff von großer Bedeutung für den Säure-Basen-Haushalt, denn wenn sich das Zellmilieu in den sauren Bereich hinein verschiebt, ist insbesondere die schnelle Zufuhr von Calcium entscheidend für eine umgehende Neutralisierung der überschüssigen Säuren (siehe unter „Aus wissenschaftlicher Sicht: Calciumversorgung, pH-Wert-Regulierung und Krankheiten“, Seite 51 ff.). Aber auch in anderer Hinsicht wäre unser Körper ohne Calcium nicht überlebensfähig.

Calcium, das Supermineral

Calcium nimmt unter den essenziellen Mineralstoffen eine herausragende Stellung ein. Es ist die „magische Waffe“ für viele gefürchtete Krankheiten. Dieser Mineralstoff ist für einen ausgeglichenen Säure-Basen-Haushalt und einen stabilen Gesundheitszustand unentbehrlich. Außerdem übernimmt Calcium wichtige Aufgaben bei der Bildung und Erhaltung von Knochen. Und es ist für zahlreiche entscheidende Körperfunktionen von enormer Wichtigkeit. So können Herz, Muskeln und Nerven ohne Calcium nicht arbeiten. Ein Mangel kann aus diesem Grund eine Vielzahl von ernsthaften Beschwerden auslösen.

Auch für den Transport von Sauerstoff und Nährstoffen in die Zellen wird die Substanz benötigt. Besondere Erwähnung verdient in diesem Zusammenhang die Tatsache, dass in Krebszellen erhebliche Calciumdefizite festgestellt werden. Sie enthalten nur 2 Prozent dessen, was in gesunden Zellen gemessen wird.[10] Folglich ist davon auszugehen, dass in Krebszellen aufgrund des Calciummangels auch ein Sauerstoffmangel herrscht. Fest steht: Im sauren Milieu macht sich Sauerstoff rar. Vor dem Hintergrund der Entdeckung Dr. Otto Warburgs (1883–1970), dass „Krebs nur in sauerstoffarmer Umgebung existieren kann“, gewinnt die Aussage: „Calciummangel verursacht Sauerstoffdefizite“, an Brisanz. Warburg erhielt für den Nachweis der Verwandlung normaler Zellen in Tumorzellen unter Sauerstoffmangel 1931 den Nobelpreis der Medizin. Wissenschaftlich intensiv untersucht wurde die Wirkung von Calcium bislang bei Darmkrebs (siehe unter „Hier helfen Sango-Meeres-Korallen“, Seite 62 ff.). Viele Studien an Menschen und Tieren deuten darauf hin, dass das Darmkrebsrisiko bei ausreichender Calciumaufnahme sinkt.[11]

Tipp:

Täglich spazieren gehen

Wer die Calciumverwertung steigern möchte, sollte mindestens 30 Minuten täglich unter freiem Himmel spazieren gehen. Nur so entsteht genügend Vitamin D. Dieser Vitalstoff wird in erster Linie unter UV-Strahlung gebildet und beeinflusst die Aufnahme von Calcium. Bei unzureichender Vitamin-D-Versorgung kann der Mineralstoff im Darm weniger gut absorbiert und in die Knochen aufgenommen werden.

Ein ähnliches Resümee wird in einem Artikel von *Reader's Digest*, Ausgabe vom Februar 1999, gezogen. Unter der Schlagzeile „Der ‚Superstar' der Nährstoffe" wird dort auf wissenschaftliche Untersuchungen eingegangen, in denen das Krebswachstum bei Menschen, die täglich 1500 Milligramm Calcium einnahmen, umgekehrt werden konnte. In eben diesem Artikel wird außerdem darauf hingewiesen, dass der Mineralstoff die Entkalkung der Knochen bei Osteoporose aufhalten und sogar in begrenztem Maße rückgängig machen kann. Mehrere Studien lassen mittlerweile den Schluss zu, dass eine ausreichende Versorgung mit Calcium für die Gesundheit der Knochen in jungen Jahren wie im Alter wichtig ist.[12]

Neuere und ältere wissenschaftliche Arbeiten aus Argentinien, Neuseeland, China und den USA weisen auf blutdrucksenkende Eigenschaften des Calciums hin.[13] Bereits 1977 haben Forscher im Rahmen einer mit US-Bundesmitteln geförderten Studie herausgefunden, dass die Gabe von 1200 Milligramm Calcium pro Tag den Blutdruck bei Erwachsenen bedeutend senkt. Nach Ergebnissen New Yorker Wissenschaftler, die 2000 veröffentlicht wurden, kann chronischer Calciummangel das prämenstruelle Syndrom (PMS) bei Frauen verschlimmern. Im Gegenzug lassen sich durch Calciumgaben die Symptome des PMS lindern.[14] Die Forscher weisen in ihrer Arbeit außerdem darauf hin, dass Calcium das Risiko für Knochenbrüche erheblich verringern und

Arthritis- sowie Muskel- und Bindegewebsschmerzen lindern kann. Dies sind nur einige Beispiele, um verständlich zu machen, warum wir die Versorgung mit Calcium nicht vernachlässigen dürfen.

Aus wissenschaftlicher Sicht: Calciumversorgung, pH-Wert-Regulierung und Krankheiten

Was von vielen Schulmedizinern immer noch bezweifelt wird, haben Alternativheilkundler aufgrund langjähriger Erfahrungen mit ihren Patienten längst erkannt: Bereits bei leichten Erkrankungen, vor allem aber bei chronischen Beschwerden verschiebt sich das Säure-Basen-Gleichgewicht in den sauren Bereich, insbesondere in den Zellen. Nur bei gesunden Menschen, die sich ausgewogen und nährstoff- und mineralstoffreich ernähren, ist der Säure-Basen-Haushalt ausgeglichen. Aus wissenschaftlicher Sicht ist es besonders interessant, die Mechanismen zu untersuchen, die auf Zellebene dahinterstecken: Wie hängen die pH-Werte innerhalb und außerhalb der Zellen zusammen und wie werden beide von Mineralstoffen wie ionisiertem Calcium gesteuert?

Zwischen 1980 und 1995 erforschte der Calciumexperte Dr. Carl J. Reich die Zusammenhänge zwischen pH-Wert und Krankheiten.[15] Dabei fand er heraus: Monocalcium-Orthophosphat ist ein Bestandteil der extrazellulären Flüssigkeiten (in den Zellzwischenräumen), die bei gesunden Menschen einen leicht basischen pH-Wert von etwa 7,4 aufweisen. Dieser Wert ist erforderlich, um einen geregelten Zellstoffwechsel, ein ausreichendes Zellwachstum, gesunde Zellfunktionen sowie einen ebensolchen Aufbau von DNS zu garantieren und die Selbstheilungs- und Reparaturfähigkeiten der Zellen aufrechtzuerhalten. Die Calcium-Ionen haben als Bestandteil von Monocalcium-Orthophosphat einen direkten Einfluss auf den pH-Wert. Das bedeutet: Bei einem Mangel an ionisiertem Calcium kann es zu einem Monocalcium-Orthophosphat-Defizit kommen, was wiederum dazu führt, dass der pH-Wert der extrazellulären Flüssigkeiten sinkt, das Milieu also sauer wird.

Info:
pH-Werte und ihre Bedeutung

Der pH-Wert ist ein Maß für den Säure- bzw. Basengrad einer Lösung. Er reicht von 0 bis 14. Der neutrale Punkt liegt bei 7. Lösungen mit pH-Werten unter 7 werden als sauer bezeichnet. Liegt der pH-Wert über 7, ist er „basisch" bzw. „alkalisch". Je niedriger oder höher der Wert ist, desto saurer oder basischer ist eine Lösung.

Nun ist es interessant zu betrachten, wie die pH-Werte der intra- und extrazellulären Flüssigkeiten gesteuert werden. Ein Austausch zwischen beiden erfolgt über Kanäle, die in den Zellmembranen (Zellbegrenzungen) sitzen. Sind die Kanäle für die Aufnahme von Calcium, anderen Mineralstoffen, Spurenelementen und Nährstoffen geöffnet, steigt der pH-Wert der intrazellulären, also der sich in einer Zelle befindlichen Flüssigkeit vor allem dank der einströmenden Calcium-Ionen auf einen Wert von 7,4 – und damit ins leicht Alkalische. Danach werden die Kanäle geschlossen. Die aufgenommenen Nährstoffe werden im Inneren der Zelle verarbeitet. Durch die dort ablaufenden Stoffwechselvorgänge – genauer: die Bildung saurer Stoffwechselprodukte – sinkt der pH-Wert nun in den sauren Bereich. Die Folge: Es entsteht ein Spannungsunterschied zwischen dem pH-Wert der Flüssigkeit innerhalb und außerhalb der Zellen. Hat diese Differenz einen Wert von etwa 0,2 erreicht, ist das das Signal dafür, die Zellmembran-Kanäle erneut zu öffnen. Wieder wird ionisiertes Calcium in die Zelle aufgenommen, bis dort ein pH-Wert von 7,4 vorliegt. Dieser Zyklus wiederholt sich ununterbrochen – so, wie wir ohne Pause atmen.

Sinkt nun der pH-Wert der extrazellulären Flüssigkeiten – zum Beispiel infolge chronischen Calciummangels – auf 6,5, muss auch der pH-Wert in der Zelle weiter bis 6,3 sinken, damit der Impuls für das Öffnen der Kanäle in der Zellmembran ausgelöst wird. Erst wenn dieser Spannungsunterschied 0,2 beträgt, können Calcium, andere Mineralstoffe, Spurenelemente und Nährstoffe die Zellmembran wieder passieren. Je weiter der pH-Wert in den Flüssigkeiten der Zellzwischenräume dabei ins Saure abgleitet, desto problematischer wird dies für die Vorgänge in den Zellen. Denn: Normale Stoffwechselprozesse sind in einem sauren Milieu nur schwer möglich. Übersäuerung führt zu sauerstoffarmen Bedingungen in den Zellen. Glukose wird in solchen Fällen nicht zu Kohlendioxid und Wasser verbrannt, sondern über den sauerstofflosen (anaeroben) Weg zu Karbonsäuren wie Milchsäure abgebaut, wodurch der pH-Wert noch weiter sinkt. Ein Teufelskreis beginnt (siehe nächste Doppelseite).

Unser Organismus ist diesen Prozessen nicht ganz hilflos ausgeliefert. Er versucht sie zu stoppen, indem er neben dem pH-Wert-regulierenden Monocalcium-Orthophosphat ein weiteres Puffersystem anbietet, das ähnlich arbeitet. Es handelt sich dabei um eine Mischung aus Kalium-Dihydrogenphosphat und Dinatrium-Hydrogenphosphat. Beide Substanzen können den pH-Wert außerhalb der Zellen bei etwa 6,8 halten. Unglücklicherweise sind die großen Kalium-Ionen dieses Systems kaum in der Lage, die Zellen wieder zu verlassen, wenn sie einmal drinnen sind. Das Potenzial dieses zweiten Sicherungssystems, welches das Absinken des pH-Werts verhindern soll, ist damit begrenzt.

Das Ergebnis all der Prozesse, die mit einer Übersäuerung einhergehen, ist eine Schwächung der Zellfunktionen. Die Zellen können sich nicht mehr in ausreichendem Maße von giftigen Stoffen befreien. Schließlich kann in einem stark sauren Umfeld auch die Produktion von toxischen Stoffwechselprodukten in Gang gesetzt werden. Im Extremfall bricht sogar der Zellstoffwechsel ganz zusammen. All das führt zu vorzeitigen Alterserscheinungen und Krankheiten. Außerdem steigt die Wahrscheinlichkeit für Zellmutationen. Diese genetischen Veränderungen können im schlimmsten Fall dazu führen, dass eine harmlose Zelle sich in eine Krebszelle verwandelt.

Folgen einer Übersäuerung im Körper

- chronische Krankheiten
- ungesunde Lebens- und Ernährungsweise
- Umweltgifte

↓

- Säureüberschuss innerhalb und außerhalb der Zellen

↓

- Plündern der Mineralstoffdepots

↓

- Mineralstoffmangel

↓

- saures Milieu in den Zellen

↓

- gestörte Stoffwechselreaktionen
- sauerstoffarme Bedingungen
- Schwächung der Zellfunktionen
- Zellschäden

↓

- vorzeitiges Altern
- erhöhtes Risiko für Genmutationen
- Krankheiten

↓

- Krebs

Das Wirkprinzip der Sango-Meeres-Korallen gegen Übersäuerung

- Ungesunde Lebens- und Ernährungsgewohnheiten
- körperliche Beschwerden

↓

- Säureüberschuss innerhalb und außerhalb der Zellen

• Mineralstoffe und Spurenelemente der Sango-Meeres-Korallen →

↓

- basisches Milieu in den Zellen
- gefüllte Mineralstoffdepots

↓

- geregelte Stoffwechselreaktionen
- sauerstoffreiche Bedingungen

↓

- gesunde Zellen

↓

- gesundes Gewebe

↓

- gesunder Mensch

Korallen-Calcium bringt die Gesundheit ins Gleichgewicht

Es gibt im Körper keine Zelle, kein Gewebe und kein Organ , das durch ein Zuviel an Säure auf Dauer nicht Schaden nehmen würde. Die Liste der Beschwerden, die auf ein Säure-Basen-Ungleichgewicht folgen, ist lang (siehe Tabelle unten). Nicht selten kann es infolge eines dauerhaft gestörten Säure-Basen-Haushalts zu chronischen Leiden kommen. In Arztpraxen und Kliniken werden auf eine Übersäuerung zurückgehende Symptome wie allergische Ausschläge, Durchfall oder Kopfschmerzen häufig medikamentös behandelt, ohne dabei die Ursache der Störung, das aus dem Gleichgewicht geratene Säure-Base-Verhältnis, zu erkennen und zu berücksichtigen. Das eigentliche Problem wird durch die Anwendung von Arzneimitteln also nicht beseitigt.

Auf einen Blick:
Potenzielle Symptome und Beschwerden einer Übersäuerung

Akne	Gicht
Allergien	Haarausfall
Alzheimer	Hautprobleme
Arteriosklerose	Herz-Kreislauf-Probleme
Arthritis	Herzrasen
Bluthochdruck	Infektanfälligkeit
Cellulite	Karies
Darmbeschwerden	Konzentrationsstörungen
Diabetes	Kopfschmerzen
Durchblutungsstörungen	Magenbeschwerden
Durchfall	Migräne
Ekzeme	Müdigkeit, chronische
Fettstoffwechselstörungen	Muskelkrämpfe
Gallensteine	Muskelverspannungen
Gelenkbeschwerden	Nervosität
Neurodermitis	Nierensteine

Nierensteine	Sodbrennen
Osteoporose	Übergewicht
Pilzerkrankungen	unreine Haut
rheumatische Erkrankungen	Unwohlsein
Schlaflosigkeit	Wirbelsäulenprobleme

Die Sango-Meeres-Korallen packen das Übel hingegen an der Wurzel an: Sie wirken über den im vorherigen Kapitel beschriebenen Mechanismus des intrazellulären Säureausgleichs und gehen der Ursache des Problems damit auf den Grund. Die Korallen beliefern den Körper mit einer Vielzahl von basenaktiven, ionisierten Mineralstoffen und Spurenelementen – insbesondere mit Calcium –, die ihm helfen, den pH-Wert hoch und den Säure-Basen-Haushalt im Gleichgewicht zu halten. Dies ist letztlich ausschlaggebend dafür, dass Nahrungsergänzungen aus Sango-Meeres-Korallen sich bei zahlreichen Beschwerden positiv auf den Körper auswirken. Wissenschaftler haben herausgefunden, dass ein Abfallen des Calcium- und Mineralstoffspiegels im Organismus mit Prozessen des Alterns sowie mit vielen abnutzungsbedingten und chronischen Krankheiten wie Osteoporose, Allergien, Gallensteinen, Herzkrankheiten, Alzheimer, Arteriosklerose, Cerebralsklerose (Durchblutungsstörungen im Gehirn) etc. einhergehen. Selbst Krebs, so meinen einige Experten, sei nichts anderes als das Resultat eines über Jahrzehnte hinweg im Organismus wirkenden Säureüberschusses. Auch die Symptomlinderung bei rheumatischen Beschwerden wie Arthritis ist keine Hexerei. Wissenschaftler gehen davon aus, dass die Heftigkeit von Entzündungen in Bindegewebsstrukturen, wie sie in den Gelenken Arthritiskranker vorkommen, mit dem Säuregrad im Bindegewebe in Beziehung steht. Der Säureüberschuss wird demnach durch die Korallen-Mineralien beseitigt, sodass die Beschwerden gemildert werden.

Vor diesem Hintergrund wird nun klar, weshalb die Bewohner der Insel Okinawa – des Herkunftsgebietes der Korallen – so selten an chronischen Krankheiten des Herzens, an Diabetes, Alzheimer oder Arthritis leiden und sich meist bis ins hohe Alter bester geistiger und körperlicher

Gesundheit erfreuen. Sie nehmen die gesunden Mineralstoffe und Spurenelemente der Sango-Meeres-Korallen ein Leben lang mit dem Trinkwasser auf. Das basisch wirkende Korallenwasser gehört zu ihrer ganz persönlichen Krankheitsvorbeugung für jeden Tag.

Einsatzmöglichkeiten bei Krankheiten von A bis Z

Die Selbstheilungskräfte stärken

„Nimm irgendeine Krankheit – du kannst sie heilen“, meint Robert R. Barefoot. Und weiter: „Wenn Sie Wunder sehen wollen, dann hören Sie sich ein bisschen beim Korallen-Calcium um und Sie werden von Hunderten erfahren.“ So zitiert die Ärztin Barbara Krischker aus Bad Reichenhall den Korallenexperten Barefoot im *BIO*-Magazin.[16] Es passiert leicht, dass man sich von den Stärken der Sango-Meeres-Korallen zu enthusiastischen Äußerungen hinreißen lässt – wahre Wunder sollte man dennoch von diesen Korallen nicht erwarten. Und das ist auch nicht nötig, denn Tatsache ist: Bei den Korallen handelt es sich um eine Nahrungsergänzung, deren segensreiche Wirkungen nichts Unglaubliches an sich haben, sondern auf die Bedeutung des Calciums und der anderen Mineralstoffe und Spurenelemente für unseren Körper zurückzuführen sind. Die Sango-Korallen halten den pH-Wert unserer Zellen und Gewebe im Gleichgewicht und uns somit gesund. Sie liefern uns das, was wir von Natur aus benötigen und was in unserer täglichen Nahrung häufig fehlt: wertvolle Aufbaustoffe, die die Basis für einen gesunden Organismus darstellen. In diesem Sinne sind die Korallen-Mineralstoffe also keine Heilmittel, sondern eine wertvolle Nahrungsergänzung, durch die unser Körper gestärkt und unterstützt wird, um sich so selbst heilen zu können.

Tagtäglich werden die Zellen in unserem Körper mit Umweltschadstoffen, gesundheitsgefährdenden Lebensmittelzusätzen, Medikamenten und „Genuss“-Giften wie Nikotin und Alkohol „misshandelt“. Diese Substanzen zwingen den Organismus auf Dauer in die Knie. Es entwickeln sich degenerative, also sich mit den Jahren verschlimmernde abnutzungsbedingte Krankheiten wie Arteriosklerose, Diabetes und

Rheuma. Behandeln wir die Krankheitssymptome mit herkömmlichen Arzneimitteln, werden die Ursachen für die Entgleisungen im Organismus, die auf unsere Lebensumstände und auf Mangelerscheinungen zurückgehen, nicht beseitigt. Nur das Auffüllen der leeren Depots bietet dem Körper in vielen Fällen die nötige Hilfe zur Selbsthilfe und kann dem Fortschreiten von Krankheiten Einhalt gebieten. Auf diese Weise konnten mit Unterstützung von Sango-Meeres-Korallen zahlreiche positive Resultate bei unterschiedlichen Erkrankungen und Beschwerden erzielt werden. Hier eine Zusammenstellung:

- Herzrhythmusstörungen, Herzjagen, *Angina pectoris*
- Kreislaufstörungen
- Bluthochdruck
- Übersäuerung
- chronische Kopfschmerzen (auch Migräne)
- Stoffwechselstörungen (insbesondere Störungen des Fettstoffwechsels)
- Allergien, Neurodermitis, Wundheilungsstörungen
- Osteoporose, Rachitis, Knochenbrüche
- Gelenkbeschwerden (Arthrose, Arthritis, Gicht)
- Muskel- und Gelenkschmerzen, Fibromyalgie
- Erschöpfungszustände, Schlafstörungen
- Nervosität, Augenlidzittern, erhöhte Aggressivität, Angstzustände
- Potenz- und Regelstörungen, prämenstruelles Syndrom (PMS), Beschwerden im Klimakterium
- Gastritis, Magen-Darm-Probleme, Verdauungsstörungen
- ablagerungsbedingte Krankheiten (zum Beispiel Arteriosklerose, Nierensteine, Überbein etc.)

Konkrete Untersuchungen über die Wirkung von Sango-Korallen auf spezielle Krankheiten hat insbesondere der Japaner Dr. med. K. Ishitani am *Higashi-Hospital* in Sapporo im Rahmen von klinischen Studien im Jahr 1999 durchgeführt. Die Studienteilnehmer erhielten drei Monate lang täglich 2,8 Gramm Sango-Meeres-Korallen-Pulver. Ishitani berichtet, dass die Gabe des Pulvers signifikante Verbesserungen des Befundes bei Menschen mit Osteoporose, Bluthochdruck, Hypercholesterinämie (Fettstoffwechselstörung), chronischen Kopfschmerzen, Tachykardien (anhaltende Pulsbeschleunigung/Herzjagen) und anderen Beschwerden bewirkt hat. Als entscheidend für die positiven Resultate, die sich durch die Einnahme der Korallen erzielen ließen, wurde das Calcium-Magnesium-Verhältnis von 2:1 angesehen, das man nur in Meeres-, nicht jedoch in Land-Korallen vorfindet (siehe unter „Auf ein ausgewogenes Calcium-Magnesium-Verhältnis kommt es an“, Seite 33 ff.).

Neben dem Japaner Ishitani haben Forscher und Therapeuten rund um den Erdball die gesundheitsfördernden Wirkungen der Sango-Meeres-Korallen unter die Lupe genommen. In meiner eigenen Praxis habe ich ebenfalls eine Vielzahl von Erfahrungen mit diesen Korallen gesammelt. Bei folgenden Gesundheitsproblemen habe ich hervorragende Resultate mit dem Pulver der Sango-Meeres-Korallen erzielt: Hypertonie (Bluthochdruck), regelmäßig auftretendem Herzjagen, *Angina pectoris*; Migräne und anderen chronischen Kopfschmerzen; chronischen Schmerzzuständen bei Arthrose, Arthritis und Wirbelsäulen- sowie Bandscheibenerkrankungen; Magenbeschwerden und Sodbrennen, Darm- und Verdauungsbeschwerden, Müdigkeit, Erschöpfungszuständen, Schlafstörungen, Menstruationsbeschwerden, akuten Infekten, Infektanfälligkeit und Potenzstörungen.

Tipp:
Nimm zwei – Vitamine und basische Vitalstoffe naschen

Den Erfahrungen aus meiner Praxis zufolge ist die Behandlung mit Sango-Meeres-Korallen am wirkungsvollsten, wenn die Patienten ihre Ernährung parallel zur Therapie konsequent auf eine basische Kost umstellen. Außerdem verordne ich chronisch Kranken zusätzlich Vitamine und – je nach Krankheitsbild und Testergebnissen – auch Enzyme, Aminosäuren und andere Nahrungsergänzungen.

Sie beeinflussen den Behandlungserfolg positiv. So habe ich die Erfahrung gemacht, dass die gleichzeitige Gabe von Vitamin A und D die Wirksamkeit der Sango-Meeres-Korallen verstärkt.

Auf den folgenden Seiten wird eine Auswahl an Forschungsergebnissen von Dr. med. K. Ishitani sowie wissenschaftlichen Arbeiten und Erfahrungen anderer Experten mit den Korallen und ihren Mineralstoffen vorgestellt. Sie zeigt, welch immense Möglichkeiten in ihnen stecken.

Hier helfen Sango-Meeres-Korallen

Langsamer altern: Gesund 100 Jahre alt werden

Als in den 90er Jahren immer mehr Details der so genannten Okinawa-Studie veröffentlicht wurden, horchten Forscher rund um den Globus auf.[17] Die Studie wurde über 25 Jahre durchgeführt und an ihr nahmen mehr als 600 Menschen in verschiedenen Ländern teil. Ihren Ergebnissen zufolge gehören die Bewohner Okinawas weltweit zu den Menschen mit der höchsten Lebenserwartung. Zudem erfreuen sich die älteren Okinawaner einer weit besseren Gesundheit als etwa gleichaltrige US-Amerikaner. Sie erkranken im Vergleich zu Amerikanern und Europäern seltener an Herzkrankheiten, an Brust- und Prostatakrebs und an Alzheimer. Sie erleiden weniger häufig einen Herzinfarkt, weisen weniger Schäden durch freie Radikale auf und haben stärkere Knochen als Menschen anderswo auf der Welt.

Unweigerlich stellt sich die Frage: Warum ist das so? Warum leben auf der japanischen Insel viermal mehr 100-Jährige als in westlichen Kulturen? Liegt es an dem Korallenwasser, das sie täglich trinken? Lässt sich die Lebenserwartung mit Hilfe des regelmäßigen Verzehrs von Sango-Meeres-Korallen-Pulver also steigern? – Ein Indiz für diese Annahme liefert Stephen Holt in seinem Buch *Natures Benefit From Coral Calcium.*

Der Autor berichtet über Experimente, die unter der Federführung von Prof. N. Tominaga von der japanischen *Saitama Medical School* stattfanden. Demzufolge hatten Tiere, die regelmäßig mit Korallen-Calcium angereichertes Leitungswasser tranken, eine höhere durchschnittliche Lebenserwartung als solche, die lediglich reines Leitungswasser erhielten. Zwar lässt sich diese Untersuchung nicht ohne Weiteres auf den Menschen übertragen. Sie ist dennoch ein Hinweis auf die lebensverlängernde Wirkung von Sango-Korallen bei Lebewesen.

Ein weiterer Fingerzeig dafür, dass die Meeres-Korallen den Körper länger gesund und somit auch länger am Leben erhalten, ist die antioxidative Wirkung von einigen Inhaltsstoffen der Korallen wie Selen und Zink. Als Radikalfänger vermögen sie vorzeitigen Alterserscheinungen und Krankheiten vorzubeugen. Darüber hinaus führt das regelmäßige Trinken von mit Korallen-Pulver angereichertem Wasser zu einem vermehrten Abtransport von Schlackenstoffen, es reinigt also den Organismus von überflüssigem schädlichem Abfall und erhält ihn auf diese Weise jung. Nicht zuletzt beugt die ausgleichende Wirkung des ionisierten Calciums auf den Säure-Basen-Haushalt des Körpers der Bildung von Giftstoffen, Entgleisungen im Zellstoffwechsel und dadurch auch chronischen Krankheiten vor. All das erhöht die Aussicht auf ein langes und zugleich gesundes Leben.

Gegen Bluthochdruck, die unterschätzte Gefahr

Schätzungen zufolge leiden hierzulande etwa 40 Prozent der Bevölkerung an Bluthochdruck. Das Risiko für die Gesundheit dieser Menschen ist groß und wird oft unterschätzt. In Zahlen ausgedrückt bedeutet das zum Beispiel: Bei einem 45-Jährigen mit einem erhöhten Blutdruck von 150/100 mm Hg verringert sich die Lebenserwartung um etwa zehn Jahre.[18] Vor diesem Hintergrund lassen Forschungsergebnisse von Dr. med. K. Ishitani in Sapporo aufhorchen.[19] Der Japaner hat die Wirkung von Sango-Meeres-Korallen bei 22 Personen mit hohem Blutdruck untersucht. Nach dreimonatiger Gabe des Korallen-Pulvers sanken die systolischen Blutdruckwerte (= höherer Wert; Phase, in der sich das Herz zusammenzieht) der Testteilnehmer von anfangs durchschnittlich 140,2 auf 132,5 mm Hg. Viele Erfahrungsberichte von Therapeuten und Betroffenen stützen dieses Ergebnis.

Experten sehen im Calcium den entscheidenden Faktor für die blutdrucksenkende Wirkung der Korallen. Denn: Einige wissenschaftliche Untersuchungen haben ergeben, dass ein Zusammenhang besteht zwischen einem niedrigen Blutdruck und einem erhöhten Calciumgehalt in natürlichen Lebensmitteln, zu denen das Korallen-Calcium als Produkt lebender Organismen ebenfalls gezählt werden kann.[20]

Positive Erfahrungen bei Diabetes

Schätzungen zufolge leiden 150 Millionen Menschen weltweit an *Diabetes mellitus* Typ II – ein Drittel davon lebt in Europa. Die chronische Erkrankung ist durch eine Erhöhung des Blutzuckerspiegels gekennzeichnet. Beschleunigt wird der Ausbruch der landläufig als „Zuckerkrankheit" bezeichneten Stoffwechselstörung durch Übergewicht, ungesunde Ernährung und Bewegungsmangel. Bislang liegen lediglich wenige Erkenntnisse über die Einflüsse von Sango-Meeres-Korallen auf den Krankheitsverlauf bei *Diabetes mellitus* vor.

Beispielsweise hat Dr. Carl J. Reich vereinzelt über Behandlungserfolge mit Sango-Meeres-Korallen bei Diabeteskranken berichtet (siehe unter „Erfahrungen aus der Praxis", Seite 77 ff.). Auch Dr. med. K. Ishitani hat die Korallen an einer kleinen Gruppe von Zuckerkranken getestet.[21] Er stellte bei einem Teil der Patienten eine positive Entwicklung des Krankheitsverlaufs durch die tägliche Gabe von Korallen-Pulver fest. Der Calciumexperte und Buchautor Stephen Holt führt dies auf die Wirkung des Calciums (fördert die Insulinproduktion) und des Magnesiums (aktiviert Insulinrezeptoren) zurück.[22] Zu erwähnen ist in diesem Zusammenhang auch, dass das Chrom der Sango-Meeres-Korallen an der Regulation des Blutzuckerspiegels mitwirkt und sich daher ebenfalls positiv auf den Krankheitsverlauf bei *Diabetes mellitus* auswirken kann.

Gesund durch weniger Gifte und freie Radikale

Täglich überschwemmen wir unseren Körper mit gesundheitsschädlichen Substanzen aus der Nahrung, mit Konservierungs-, Farb- und Zusatzstoffen sowie vielen anderen Umweltgiften. Durch unseren Lebenswandel – zu wenig Schlaf, zu viel Stress –, gepaart mit minderwertigem Essen und einer zu geringen Flüssigkeitsaufnahme, geben wir dem Organismus oft nicht die Gelegenheit, sich der zahlreichen ungesunden Schlacken und des überflüssigen Abfalls zu entledigen. Viele Nahrungsmittel, die eine Übersäuerung des Körpers auslösen, tragen ein Übriges dazu bei, dass wir die letzten Mineralstoffreserven plündern und den Körper dadurch weiter schwächen (siehe Kapitel „Sango-Meeres-Korallen: Der Schlüssel für einen ausgeglichenen Säure-Basen-Haushalt“, Seite 42 ff.). Die Folgen sind programmiert: Derart ausgelaugt ist unser Immunsystem, die körpereigene Abwehrpolizei, im Ernstfall gar nicht in der Lage, Angreifer erfolgreich zu vertreiben. Und dass sich in einem sauren, vergifteten Milieu chronische Krankheiten entwickeln, ist nur eine Frage der Zeit. In extremen Fällen kommt es sogar zu Zellmutationen und unsere Zellen reagieren mit unkontrolliertem Wachstum – die Diagnose lautet Krebs.

Mit Hilfe von Sango-Meeres-Korallen kann einer solchen Entwicklung vorgebeugt werden. Das Pulver liefert dem Körper einerseits wertvolle basische Mineralstoffe und Spurenelemente, die für einen ausgeglichenen Säure-Basen-Haushalt sorgen, sodass erst gar keine toxischen Stoffwechselprodukte gebildet werden. Andererseits unterstützen uns die Inhaltsstoffe der Korallen dabei, die Zellen zu reinigen, indem sie helfen, schädliche Schlackenstoffe und nicht mehr benötigten Stoffwechselabfall aus ihnen abzutransportieren. So werden die Zellen gestärkt und können sich regenerieren und einen geregelten Stoffwechsel aufrechterhalten.

Ebenfalls gesundheitserhaltend und -fördernd wirken die Antioxidantien der Sango-Meeres-Korallen, insbesondere die Spurenelemente Selen und Zink. Sie schützen den Körper vor Angriffen durch freie Radikale. Diese Radikale sind äußerst unberechenbare Moleküle, die wahllos wichtige körpereigene Eiweiße, Fette und die Erbsubstanz schädigen. Dadurch können sie die Funktionsfähigkeit der Zellen stark beeinträchtigen oder ganz zerstören. Erfolgen solche Angriffe freier Radikale im Übermaß, wird der Mensch krank. Ob Alzheimer, Rheuma, Herzinfarkt oder Krebs – an nahezu allen, vor allem im Alter auftretenden Krankheiten sind Radikale mit beteiligt. Unschöne Altersflecken und runzlige Haut – auch das geht auf ihr Wirken zurück. Schützen können wir uns vor diesen aggressiven Molekülen nur, indem wir ihre Entstehung weitgehend verhindern und Radikalbildner wie Stress, Alkohol, Nikotin, UV-Strahlung etc. meiden oder indem wir uns aktiv gegen sie wehren. Das kann zum Beispiel mit Hilfe von Antioxidantien wie Selen und Zink geschehen. Diese Substanzen entschärfen die Radikale und beugen dadurch Alterserscheinungen und Krankheiten vor. In diesem Sinne lässt sich Korallen-Pulver effektiv zur Vorsorge gegen Krankheiten einsetzen.

Erschöpft und dauermüde – das muss nicht sein

Viele Menschen leiden heute unter chronischen Erschöpfungszuständen, Leistungsschwäche, Energielosigkeit und Dauermüdigkeit, auch wenn sie ausreichend geschlafen haben. Ärzte stehen dem Problem häufig ratlos gegenüber. Sie wissen einfach nicht, wie sie ihren erschöpften Patienten wieder auf die Sprünge helfen sollen. In vielen Fällen stellt sich heraus, dass das Problem auf ein gestörtes Säure-Basen-Gleichgewicht zurückgeht.

Und so ist es nicht weiter verwunderlich, dass einige Therapeuten wie der Schwede Dr. Eric Enby, aber auch Dr. Carl J. Reich und viele Betroffene über erstaunliche Behandlungserfolge durch das basische Pulver der Sango-Meeres-Korallen berichten. In vielen Fällen besserten sich die Symptome deutlich, bei einigen Menschen verschwanden sie sogar völlig. Forschungsergebnisse von Dr. med. K. Ishitani vom *Higashi-Hospital* in Sapporo liegen ebenfalls vor: Er berichtet von einer 50-prozentigen Erfolgsquote bei insgesamt 13 Testpersonen, die an Müdigkeit und Schläfrigkeit litten und daraufhin mit Sango-Meeres-Korallen behandelt wurden.[23]

Hilfe gegen Cholesterin und Co.

Immer mehr Menschen in der westlichen Welt leiden unter zu hohen Blutfettwerten. Insbesondere erhöhte Konzentrationen an Cholesterin im Blut gelten als ein maßgeblicher Risikofaktor für die Entstehung vorzeitiger Arterienverkalkung. Solche arteriosklerotischen Veränderungen wiederum erhöhen die Wahrscheinlichkeit, einen Herzinfarkt oder Schlaganfall zu bekommen. Neben erblichen Faktoren spielen Lebensweise und Ernährungsgewohnheiten eine große Rolle bei der Entstehung von Fettstoffwechselstörungen. Auch hier hat die ausreichende Versorgung mit Calcium einen positiven Einfluss auf den Fettstoffwechsel, wie aufgrund wissenschaftlicher Untersuchungen schon länger bekannt ist.[24]

Aus diesem Grund erstaunt es nicht, dass sich das gesundheitsfördernde Potenzial der calciumreichen Sango-Meeres-Korallen auch im Kampf gegen Fettstoffwechselstörungen wie Hypercholesterinämie (Cholesterinstoffwechselstörung) und Hyperlipidämie (erbliche Fettstoffwechselkrankheit) gezeigt hat. Das hat Dr. med. K. Ishitani in Sapporo bei einer Untersuchung an 22 Personen festgestellt. Er erkannte, dass die Konzentration von bestimmten Blutfetten, den Triglyzeriden, nach der Gabe von Sango-Meeres-Korallen von anfangs erhöhten Werten in den Normbereich sank – und zwar um fast ein Drittel von zunächst durchschnittlich 190 Milligramm pro Deziliter auf 131 Milligramm pro Deziliter (siehe Tabelle auf Seite 68). Auch die Cholesterinwerte hatten sich in dieser Zeit gebessert. Ein Ergebnis, das Hoffnung macht: Offensichtlich verringert sich das Risiko für ablagerungsbedingte Durchblutungsstörungen im Herzen und in den Blutgefäßen (koronare Herzkrankheit, Arteriosklerose) und damit auch die Wahrscheinlichkeit für Folgeerkrankungen (Herzinfarkt, Schlaganfall) durch die regelmäßige Gabe von Sango-Meeres-Korallen.

Einfluss von Sango-Meeres-Korallen auf die Blutfettkonzentration

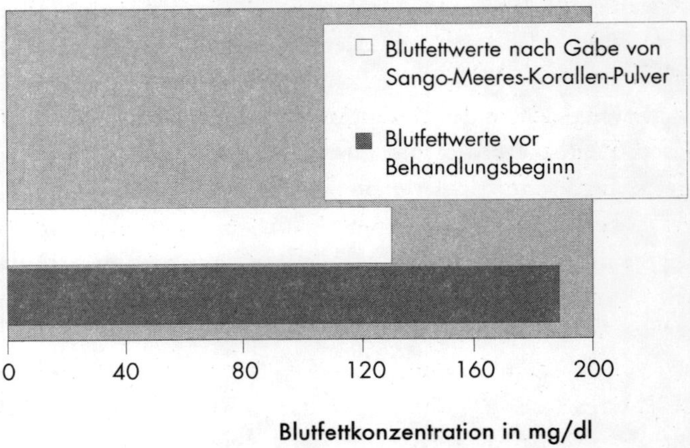

Durchschnittliche Blutfettkonzentrationen (Triglyzeride) bei 22 Personen vor und nach dreimonatiger Gabe von Sango-Meeres-Korallen-Pulver (2,8 Gramm pro Tag)[25]

Tonikum für Nerven und Gehirn: Aggressionen und Angst erfolgreich bekämpfen

In zahlreichen Erfahrungsberichten ist die Rede davon, dass Sango-Meeres-Korallen die Konzentrationsfähigkeit steigern und das Gedächtnis verbessern können. Zwar findet man in der wissenschaftlichen Literatur zu diesem Thema kaum etwas – allerdings gibt es andere Hinweise darauf, dass die Korallen sich tatsächlich positiv auf unser Gehirn und unsere Nerven auswirken, indem sie zur Entspannung der Nerven beitragen und Aggressivität und Aufregung mildern. Stephen Holt berichtet beispielsweise in seinem Buch *Natures Benefit From Coral Calcium* von einem beeindruckenden Experiment, das an der japanischen *Aichi*

Syukutoku University durchgeführt worden ist: 12 Studenten erhielten entweder normales Leitungswasser oder Wasser, in dem 1,5 Gramm Korallen-Calcium gelöst waren. Danach wurden die elektrischen Gehirnströme der Testteilnehmer mittels Elektroenzephalographie aufgezeichnet. Der Studienleiter, Dr. S. Sugimoto, stellte fest: Die Alpha-Wellen-Aktivität war bei denjenigen, die das Korallenwasser bekommen hatten, im Vergleich zu der Leitungswasser-Gruppe deutlich erhöht. Da die Alpha-Wellen-Aktivität auf einen Zustand völliger Entspannung und gelassener Aufmerksamkeit schließen lässt, legen diese Ergebnisse die Deutung nahe, dass Korallenwasser die Entspannung im Gehirn fördert.

Gestützt werden die Beobachtungen von Dr. S. Sugimoto wiederum durch Forschungsergebnisse von Dr. med. K. Ishitani.[26] Er gab einigen Patienten über einen Zeitraum von drei Monaten 2,8 Gramm Sango-Meeres-Korallen pro Tag. Danach stellte er bezüglich folgender Symptome fest:

- *Angstzustände:* 7 von 11 Testpersonen waren nach der Behandlung von ihren leichten Angstzuständen geheilt.
- *Aggressionszustände:* 12 von 15 Menschen litten nach drei Monaten nicht mehr an einer übermäßigen Aggressionsbereitschaft.
- *Verwirrung:* Bei 7 von 14 Menschen verschwand die leichte geistige Verwirrung während des Behandlungszeitraums.
- *Nervosität und Aufgeregtheit:* Der Hang zur Nervosität und Aufgeregtheit war bei 6 von 11 Testpersonen nach der Korallen-Gabe nicht mehr vorhanden.
- *Augenlidzittern:* Von 6 Testpersonen mit leichtem Lidzittern waren 5 Personen nach Testende beschwerdefrei.

All diese Ergebnisse zeigen, dass Sango-Meeres-Korallen nicht nur ausgleichend auf den Säure-Basen-Haushalt wirken, sondern auch auf die Psyche harmonisierende Einflüsse ausüben können.

Wertvolle Unterstützung bei Gelenkbeschwerden

Gelenkbeschwerden gehören für viele Ältere zum Alltag, aber auch junge Menschen sind zunehmend von Arthrose, Arthritis, Fibromyalgie und Co. betroffen. Schätzungen zufolge leidet bereits jeder zweite 35-Jährige unter ersten Abnutzungserscheinungen und klagt zumindest zeitweise über Schmerzen in den Gelenken. Die schlechte Nachricht: Auch Sango-Korallen vermögen rheumatische Beschwerden nicht zu heilen. Bei einer Vielzahl von Menschen wurde jedoch durch die Gabe von Pulver aus Sango-Meeres-Korallen ein deutlicher Rückgang der Symptome beobachtet. Berichte von Betroffenen und Therapeuten zeugen davon. Demzufolge haben sich bereits nach wenigen Tagen spürbare Verbesserungen eingestellt. Insbesondere Schmerzen konnten durch den Einsatz der Korallen gelindert werden (siehe auch unter „Von Kopf bis Fuß sanft gegen Schmerzen aller Art“, Seite 74 ff., und „Erfahrungen aus der Praxis“, Seite 77 ff.).

Balsam für Haut und Schleimhäute

Auf unsere Haut üben Sango-Meeres-Korallen in vielfacher Hinsicht eine positive Wirkung aus. Bekannt ist beispielsweise, dass hohe Calciumkonzentrationen im Körper den Krankheitsverlauf bei allergisch bedingten Nasenschleimhaut-Entzündungen mildern können.[27] Erfahrungen von Betroffenen zufolge lassen sich durch die Gabe von calciumreichem Pulver der Sango-Meeres-Korallen ähnliche Wirkungen erzielen. Barbara Krischker, praktische Ärztin für Naturheilverfahren und Anästhesie in Bad Reichenhall, berichtet zudem von einem Fall, bei dem Korallenwasser die Neurodermitis-Symptome bei Kindern deutlich zu lindern vermochte.[28] Weitere Fallbeispiele von Therapeuten und Patienten legen zudem die Vermutung nahe, dass Sango-Meeres-Korallen die Heilung von Ekzemen unterstützen. Auch hier scheint das Korallen-Calcium eine bedeutende Rolle zu spielen, denn nach wissenschaftlichen Beobachtungen fördert der Mineralstoff die Wundheilung.[29]

Ein weiteres Anwendungsgebiet hat der Japaner Dr. med. K. Ishitani für die Nahrungsergänzung gefunden: Demzufolge verschwinden leichte Ödeme durch die Gabe von Sango-Meeres-Korallen.[30] Bei Wassereinlagerungen stärkerer Ausprägung sind die Sango-Meeres-Korallen allerdings machtlos.

Info:
Fitness und Schönheit für Haut und Body

Nicht nur kranke, auch gesunde Menschen profitieren von den Mineralstoffen und Spurenelementen der Sango-Meeres-Korallen. Im Beauty- und Wellnessbereich macht man sich die hautpflegenden Eigenschaften der Korallen-Mineralstoffe bereits zunutze. Sie führen zu einer verbesserten Durchblutung, Flexibilität und Straffheit der Haut. Insbesondere bei Sportlern wurde die Nahrungsergänzung erfolgreich eingesetzt, um die Heilung bei Verletzungen zu beschleunigen.

Mehr Gesundheit für Herz und Kreislauf

Unser Herz muss rund um die Uhr Schwerstarbeit verrichten: 10 000 Liter Blut pumpt es täglich durch die Gefäße. Unter normaler Belastung schlägt es dabei etwa 100 000-mal pro Tag. Um diese Kraft nicht nur in jungen Jahren aufbringen zu können, bedarf dieses Organ besonderer Fürsorge. Dazu gehört auch die Gesunderhaltung der Blutgefäße, denn arteriosklerotische Ablagerungen beeinträchtigen die Elastizität der Gefäße und machen es dem Herzen so schwerer, das Blut zirkulieren zu lassen.

Die Sango-Meeres-Korallen enthalten gleich einen ganzen Mineralstoff- und Spurenelement-Cocktail, der sich in vielfacher Hinsicht positiv auf Herz und Blutgefäße auswirkt:

- **Calcium** spielt eine bedeutende Rolle bei der Herzmuskelkontraktion und für den Schlagrhythmus des Herzens; zudem kann es die

Blutfettkonzentrationen (Cholesterin und Triglyzeride) reduzieren und beugt damit Arteriosklerose vor.

- Ein Mangel an **Magnesium** erhöht das Risiko für Herzrhythmusstörungen und somit auch für Herzinfarkte und den plötzlichen Herztod.
- **Kupfer** fördert die Gewebe-Elastizität und beugt auf diese Weise Aneurysmen (Arterienaussackungen) vor; Kupfermangel geht mit Bluthochdruck und hohen Cholesterinwerten im Blut einher und senkt den Anteil des „guten“ HDL-Cholesterins, das für die Gesundheit des Menschen förderlich ist.
- **Chrom** beeinflusst ebenfalls die Cholesterinwerte; es vermag die Konzentration von dem gesundheitsfreundlichen HDL-Cholesterin im Blut zu erhöhen und die des schädlichen LDL-Cholesterins zu senken.
- **Eisen** kann bei der Behandlung von Aneurysmen hilfreich sein.
- **Jod** ist als Baustein des Schilddrüsenhormons Thyroxin an der Regulation der Herzfrequenz beteiligt.
- **Selen** und **Zink** sind wichtige Radikalfänger; sie verhindern dadurch die Bildung von schädlichen Blutfetten und senken das Arteriosklerose-Risiko; das Spurenelement Selen hilft außerdem gegen starkes Herzklopfen.

Die Wirkung dieser Substanzen, die dem Herz Gesundheit schenken, spiegelt sich in wissenschaftlichen Untersuchungen wider. So hat Dr. med. K. Ishitani im Rahmen von klinischen Studien gezeigt, dass die Beschwerden bei Tachykardien (anhaltender Pulsbeschleunigung) und Herzrhythmusstörungen durch die Gabe von Sango-Meeres-Korallen zurückgehen.[31] Den Testpersonen wurden drei Monate lang täglich 2,8 Gramm Sango-Meeres-Korallen-Pulver gegeben. Die konkreten Ergebnisse: Von 9 Personen mit Tachykardien hatten nach der Behandlung noch 7 Herzjagen. Von ihren Herzrhythmusstörungen völlig befreit wurden 4 von 6 Untersuchten, also immerhin 66 Prozent.

Auf den positiven Einfluss von Sango-Meeres-Korallen bei arteriosklerotischen Veränderungen in den Blutgefäßen kann derzeit nur aufgrund der vielen gefäßschützenden Mineralstoffe und Spurenelemente geschlossen werden. Wissenschaftliche Arbeiten liegen diesbezüglich nicht vor.

Krebs – Vorbeugen ist die beste Medizin

Dass sich mit Antioxidantien, wie sie auch in Sango-Meeres-Korallen vorkommen, Krebs vorbeugen lässt und dass es in übersäuerten Körperzellen zu Prozessen kommen kann, die Genmutationen und damit unkontrolliertes Zellwachstum auslösen, ist bekannt (siehe unter „Aus wissenschaftlicher Sicht: Calciumversorgung, pH-Wert-Regulierung und Krankheiten", Seite 51 ff., und „Gesund durch weniger Gifte und freie Radikale", Seite 65 ff.). In dieser Hinsicht sind Sango-Korallen mit ihren antioxidativ und basisch wirksamen Substanzen als sehr wertvoll für unsere Gesundheit einzustufen.

Neben der Krebsvorsorge kommt den aufbauenden Mineralstoffen und Spurenelementen der Korallen noch eine weitere Bedeutung zu: Sie sind hervorragend geeignet, um körperlich geschwächte und geistig angeschlagene Tumorkranke auf vielen Ebenen mit frischer Energie zu versorgen und ihren Allgemeinzustand zu verbessern. Zu nennen sind in diesem Zusammenhang unter anderem die beruhigende und ausgleichende Wirkung auf die Nerven, die regenerierenden Eigenschaften bei Erschöpfungszuständen sowie die wundheilenden und schmerzlindernden Effekte. Mit ihrer Hilfe kann der Körper von Kranken begleitend zu herkömmlichen Behandlungsformen wie Operationen und Chemotherapien gestärkt und der Genesungsprozess während der Nachsorge gefördert werden.

Um nun nicht zu viele Erwartungen zu wecken: Allein mit dem regelmäßigen Verzehr von Sango-Korallen kann Krebs nach dem derzeitigen wissenschaftlichen Kenntnisstand nicht geheilt werden, auch wenn zahlreiche Berichte diesbezüglich auf dem Markt kursieren. Die Datenlage über Forschungsarbeiten zum Thema „Krebs und Sango-Meeres-Korallen" ist im Moment eher dürftig und widersprüchlich. Zwar gibt es Hinweise darauf, dass Calcium das Krebsrisiko, insbesondere im Darm, vermindern kann[32] und dass Calcium in Verbindung mit einer fettarmen Diät das Wachstum von Darmpolypen einzuschränken vermag[33] – Nachweise, dass Sango-Korallen-Calcium beim Menschen erfolgreich gegen Krebs eingesetzt werden kann, liegen derzeit jedoch nicht vor. Auf eine das Krebswachstum hemmende Wirkung von Korallen-Calcium deutet bislang lediglich eine Untersuchung an Nagetieren hin. Das Resümee dieser kleinen Studie lautet: „Korallen-Calcium übt einen hemmenden Einfluss auf die Metastasenbildung von Krebszellen in den Lungen durch Aktivierung der natürlichen Killerzellen und der Makrophagen aus."[34]

Von Kopf bis Fuß sanft gegen Schmerzen aller Art

Expertenschätzungen zufolge leiden mehr als acht Millionen Menschen in Deutschland an chronischen Schmerzen.[35] Bei den über 65-Jährigen haben die Schmerzen den Herz-Kreislauf-Erkrankungen, der Volkskrankheit Nummer eins, mittlerweile sogar den Rang abgelaufen. Viele Mediziner stehen dem Problem machtlos gegenüber, denn mit Schmerztherapien kennen sich die meisten von ihnen nur unzureichend aus. Und so werden häufig starke Medikamente verschrieben, die nicht viel bringen oder mit unangenehmen Nebenwirkungen verbunden sind. Dabei ist die chemische Keule bei Schmerzen nicht immer das Maß aller Dinge. Dem Körper lässt sich vielfach bereits mit sanften Mitteln aus der Natur auf die Sprünge helfen.

Um keinen falschen Eindruck entstehen zu lassen: Sango-Meeres-Korallen sind allerdings kein Schmerzmittel im klassischen Sinne. Dennoch dürfen die vielen positiven Erfahrungen, über die Ärzte wie Schmerzpatienten berichten, nicht übergangen werden. Auch ich selbst habe in zahlreichen Fällen eine schmerzlindernde Wirkung durch die Anwendung von Sango-Meeres-Korallen beobachten können. Ob bei Rücken-, Muskel- oder Gelenkschmerzen infolge von Arthritis, Arthrose und Fibromyalgien; bei schmerzhaften Überbeinen, Kopfschmerzen oder Migräne – die Korallen haben vielen Menschen geholfen, schmerzfrei zu werden. Einige Beispiele finden Sie unter „Erfahrungen aus der Praxis" (Seite 77 ff.).

Bestätigt werden die schmerzhemmenden Eigenschaften der Korallen durch eine Untersuchung von Dr. med. K. Ishitani.[36] Er gab 6 Testpersonen mit chronischen Kopfschmerzen täglich das Pulver von Sango-Meeres-Korallen. Nach drei Monaten litt nur noch 1 Patient an Kopfschmerzen. Die 5 anderen Testteilnehmer hatten keinerlei Symptome mehr.

Im Sport ganz vorn

Nach Forschungsergebnissen von K. Ishitani, Patientenberichten von Carl J. Reich und aufgrund meiner eigenen Erfahrungen mit den Korallen in Verbindung mit anderen Entgiftungstherapien lassen sich Sango-Meeres-Korallen auch im Leistungssport effektiv einsetzen (siehe unter „Erfahrungen aus der Praxis", Seite 77 ff.). Sie steigern die Leistung und die Ausdauer. Außerdem beschleunigen sie die Heilung bei Sportverletzungen und beugen Muskelkrämpfen vor, die bei Calcium- oder Magnesiumdefiziten leichter auftreten können.

Wirksam gegen Osteoporose

Bereits ab einem Alter von 35 Jahren verlieren die Knochen eines Menschen langsam an Substanz. In späteren Lebensjahren kommt es dann häufig zur Osteoporose, landläufig „Knochenschwund" genannt. Die Krankheit ist durch eine Verringerung der Knochendichte gekennzeichnet. Die Knochen werden dabei zunehmend porös und brechen leichter. Osteoporose ist eine Erkrankung, die auf einen Mangel an Mineralstoffen, insbesondere auf Calciumdefizite zurückzuführen ist. Nicht selten entwickelt sich solch ein Defizit aufgrund eines dauerhaft übersäuerten Körpers, der den Knochen fortlaufend wertvolle basische Mineralstoffe entzieht. Werden die Depots in den Knochen über die tägliche Nahrung nur unzureichend gefüllt, kommt es zu Osteoporose. Weil Sango-Meeres-Korallen nicht nur reichlich Calcium für die Knochen bereitstellen, sondern überdies die Ursache für den Knochenschwund, ein unausgewogenes Säure-Basen-Gleichgewicht, beheben, wundert es nicht, dass sie erfolgreich zur Osteoporosevorbeugung und zur unterstützenden Behandlung von Osteoporose eingesetzt werden können.

Folgende Untersuchung belegt das in eindrucksvoller Weise. Der Japaner Dr. med. Ishitani hat an 22 Osteoporosekranken vor und nach der Gabe von Sango-Meeres-Korallen Messungen der Knochendichte vorgenommen.[37] Am Anfang der Studie lagen die Messwerte aller Versuchsteilnehmer im pathologischen Bereich. Drei Monate nach der täglichen Einnahme von Sango-Meeres-Korallen war der Durchschnittswert in den mittleren Normbereich gestiegen. Dieses Ergebnis ist vor allem vor dem Hintergrund sehr erstaunlich, dass Osteoporose nach derzeitiger schulmedizinischer Auffassung nicht heilbar ist. Außer der Untersuchung von Ishitani an Menschen wurden bislang nur Experimente mit Nagetieren durchgeführt. Auch sie deuten darauf hin, dass die Korallen-Mineralstoffe hilfreich bei der Vorbeugung und Therapie von Osteoporose sein können.[38]

Sodbrennen und Verdauungsbeschwerden lindern

Viele Menschen belasten ihren Magen-Darm-Trakt tagtäglich mit ungesunden, schwer verdaulichen und schädlichen Nahrungsbestandteilen. Unser Verdauungstrakt wehrt sich dagegen mit Sodbrennen, Verstopfung, Durchfall und anderen Symptomen. Sango-Meeres-Korallen lassen sich in vielen Fällen unterstützend bei Magen-Darm-Beschwerden dieser Art einsetzen, wie Erfahrungsberichte von Ärzten und Kranken zeigen.

Ein Wirkmechanismus besteht in der basischen Reaktion des Korallen-Calciums. Es beeinflusst das Milieu des Magen-Darm-Trakts positiv. Forscher haben herausgefunden, dass Calcium ähnlich funktioniert wie Medikamente zum Neutralisieren von Magensäure, so genannte „Antazida". Solche Mittel lassen sich einsetzen, um die Heilung von Magengeschwüren zu unterstützen.[39] Zudem können sie Sodbrennen lindern. Das wurde durch eine wissenschaftliche Untersuchung unter der Federführung von Dr. M. Mori am Institut für klinische und pharmakokinetische Studien in Japan bestätigt.[40] Dr. M. Mori hat im Zuge seines Experiments 9 Menschen, die über Sodbrennen klagten, mit Korallen-Calcium behandelt. Bei allen waren die Symptome nach der Anwendung verschwunden. Am gleichen Institut wurde auch ein Versuch mit 8 Personen durchgeführt, die unter unspezifischen Verdauungsstörungen litten. Hier war das Ergebnis nicht ganz so eindeutig: Bei 25 Prozent der Kranken besserte sich der Zustand deutlich, bei den anderen konnte immerhin eine Linderung der Beschwerden festgestellt werden.

Erfahrungen aus der Praxis

Berichte über einzelne Behandlungserfolge sind zwar häufig sehr aufschlussreich, genügen streng wissenschaftlichen Kriterien allerdings leider nicht und können deswegen auch nicht als allgemein gültige Beweise für die gesundheitsfördernde Wirkung von Produkten oder Substanzen herangezogen werden. Die große Anzahl der positiven Erfahrungen bei der Anwendung des Pulvers von Sango-Meeres-Korallen ist dennoch so beeindruckend und interessant, dass sie den Leserinnen und Lesern an dieser Stelle nicht vorenthalten werden sollen. Im Folgenden werden einige Erfahrungsberichte stellvertretend für viele vorgestellt, die der Publikation *The Calcium Factor: The Scientific Secret of Health and Youth* von Robert. R. Barefoot und Carl. J. Reich entnommen wurden.[41]

Wichtiger Hinweis:
Grenzen der Wirksamkeit

Neben den in diesem Kapitel aufgeführten Erlebnisberichten zeigen Robert. R. Barefoot und Carl. J. Reich in dem Buch *The Calcium Factor* noch zahlreiche weitere Beispiele von Menschen auf, die positive Erfahrungen mit Sango-Meeres-Korallen bei bösartigen Erkrankungen wie Krebs gemacht haben. Auch anderswo in der

Literatur, in Zeitschriften, in Büchern und im Internet, werden solche Fälle beschrieben. In dem vorliegenden Buch wurde bewusst auf die Präsentation von Erfahrungsberichten verzichtet, in denen Menschen von Besserungen des Befunds oder Heilungen bei Krebserkrankungen durch Sango-Korallen sprechen. Die genauen Umstände solcher positiven Krankheitsverläufe lassen sich meist nicht nachvollziehen und es soll nicht der falsche Eindruck erweckt werden, dass Sango-Meeres-Korallen-Pulver ein wirksames Mittel zur Heilung von Krebs sei.
Meist spielen viele Faktoren bei der Entstehung und dem Verlauf von bösartigen Erkrankungen eine Rolle. Es ist daher zu einfach zu behaupten, sechs oder neun Kapseln einer Nahrungsergänzung könnten ausreichen, um ein schweres Krankheitsbild dauerhaft in den Griff zu bekommen. Sango-Meeres-Korallen lassen sich bei bösartigen Erkrankungen mit Sicherheit unterstützend einsetzen und tragen vielfach zur Schmerzlinderung bei. Deswegen gleich von einer heilenden Wirkung zu sprechen ist allerdings zu viel des Guten. Weitere therapeutische Maßnahmen sind bei schweren Krankheiten wie Krebs unabdingbar.

Fallbeispiele

Sue Ann Miller lebt in Akron, Ohio. Sie litt jahrelang an verschiedenen Krankheiten wie **Diabetes, Bell-Lähmung** (einseitige Gesichtslähmung) und **Karpal-Tunnel-Syndrom** (Nerveneinengung im Bereich der Handwurzel). Außerdem hatte sie **künstliche Hüft-, Knie- und Ellenbogengelenke**. Früher war sie wegen ständiger Schmerzen dauernd auf Medikamente angewiesen, konnte sich schlecht bewegen, keine Treppe steigen und kaum laufen. Aus Hoffnungslosigkeit habe sie auf Anraten ihrer Schwester Pulver von Sango-Meeres-Korallen eingenommen, sagt sie. Innerhalb weniger Wochen seien die Schmerzen verschwunden. Nach ein paar weiteren Wochen sei ihre Beweglichkeit zurückgekehrt, Schwellungen seien abgeklungen und die Hände hätte sie wieder vollständig strecken können. Etwas später habe sie wieder

Rumpfbeugen machen und mit den Fingern die Fußspitzen berühren können. Auch das Treppensteigen sei wieder möglich gewesen. Ann Miller sagt heute: „Ich habe mein Leben zurückbekommen."

Donna Crow aus Newport, Oregon, litt zwölf Jahre lang unter dem **chronischen Erschöpfungssyndrom** (CFS), verbunden mit Schlaflosigkeit, Herzklopfen und Magen-Darm-Problemen. Aufgrund einer Vielzahl wissenschaftlicher Aussagen habe sie sich entschlossen, Sango-Meeres-Korallen-Pulver auszuprobieren. Sie beschreibt ihre Empfindungen, als sie die erste Portion Pulver in den Mund genommen hat, folgendermaßen: „Innerhalb von zwei Minuten geschahen aufregende Dinge in meinem Körper. ‚Frieden' ist wohl das beste Wort, um mein Gefühl dabei zu beschreiben. Von diesem Tag an hatte ich keinen Druck mehr in meiner Brust. Meine Verdauung ist jetzt hervorragend und ich habe kein Sodbrennen und auch kein Herzklopfen mehr. Ich fühle mich, als ob ich aus einem Gefängnis entlassen worden wäre."

Die US-Amerikanerin *Joanie O.* freut sich, dass ihr Sango-Meeres-Korallen-Pulver dabei geholfen hat, ihre **Schlafstörungen** in den Griff zu bekommen. Sie müsse, seitdem sie die Nahrungsergänzung regelmäßig verzehre, nachts nicht mehr so häufig auf die Toilette gehen und wache weniger oft wegen Schmerzen auf, die durch ihre **Fibromyalgie** bedingt seien. „Seit meiner ersten Nacht mit Sango-Meeres-Korallen schlafe ich mehr als vier Stunden durch, bevor ich meine Blase leeren muss. Dann nehme ich noch eine Portion Korallen-Pulver und schlafe weitere vier Stunden wie ein Baby." Nun hofft die Frau, bald völlig von ihrer Krankheit, der Fibromyalgie, zu genesen. Die damit verbundenen Schmerzen seien bereits geringer geworden, meint Joanie O. Ihr großer Wunsch ist es, den Rollstuhl und die Gehhilfen demnächst endgültig in die Ecke stellen zu können.

Allen Jenson aus Breckenridge in Texas berichtet, dass er jahrelang **hohen Blutdruck** gehabt habe und seit drei Jahren an **Diabetes** leide. Mit Medikamenten habe er beides in Schach halten können, aber weder der

Blutdruck noch der Blutzuckerspiegel hätten sich dadurch verbessert. Kurz nachdem die Zuckerkrankheit aufgetreten sei, hätten Ärzte bei ihm das **Guillain-Barre-Syndrom** diagnostiziert. Bei dieser Autoimmunkrankheit werden Nerven durch einen Fehler im Immunsystem zerstört. Allen Jenson konnte ab diesem Zeitpunkt keinen Sport mehr treiben und musste seine berufliche Laufbahn aufgeben. Nachdem der Frührentner mit der täglichen Einnahme von Sango-Meeres-Korallen begonnen hatte, besserte sich sein Gesundheitszustand nach eigenen Angaben. Sein hoher Blutdruck sei ebenso deutlich gesunken wie die Blutfett- und die Blutzuckerkonzentration. Allen Jenson erinnert sich: „Mein Triglyzeridwert sank von 1074 auf 510 Milligramm pro Deziliter, die Cholesterinkonzentration von 380 auf 210 Milligramm pro Deziliter und der Blutzuckerwert von 284 auf 168 Milligramm pro Deziliter. Mein Arzt sagte: ‚Was immer Sie tun, machen Sie weiter damit!'" Allen Jenson ist zuversichtlich, dass er seine Medikamente bald vollständig absetzen kann, wenn er weiter regelmäßig Sango-Meeres-Korallen einnimmt.

Dorothy Boyer aus Newport in Oregon ist 80 Jahre alt. Lange Zeit litt sie nachts unter einem **nervösen, unruhigen Gefühl in beiden Beinen**. Dies war so schlimm, dass sie regelmäßig aufstehen und herumlaufen musste. Dorothy Boyer erzählt: „Schon nach der erstmaligen Einnahme der Sango-Korallen schlief ich ohne Beschwerden durch. Das war vor wenigen Monaten. Seitdem ich die Nahrungsergänzung täglich nehme, habe ich keine einzige Nacht mehr Probleme mit meinen Beinen gehabt. Außerdem bin ich froh, dass ich seitdem wieder richtig denken kann. Ich war mein ganzes Leben lang geistig aktiv. Im vergangenen Jahr allerdings ist es mir immer **schwerer gefallen, mich zu konzentrieren**. Das ist jetzt glücklicherweise vorbei." Dorothy Boyer berichtet darüber hinaus von ihrer **Herzinsuffizienz**, durch die sie des Öfteren Angst einflößendes **Herzrasen** bekommen habe: „Mein Herz raste häufig schon, wenn ich mich morgens anzog. Ich musste mich dann hinsetzen und warten, bis es sich wieder beruhigt hatte. Seitdem ich die Sango-Meeres-Korallen einnehme, sind ähnliche Beschwerden nicht mehr aufgetreten. Keine Angst mehr haben zu müssen ist sehr befreiend."

Betty Gosda aus Illinois erzählt die Geschichte ihres Ehemanns, der unter **schmerzhaften Überbeinen** an den Fersen gelitten hat. Die Ärzte hätten ihm geraten, sich operieren zu lassen, was dieser allerdings abglehnt habe. Innerhalb von zwei Monaten nach der erstmaligen Einnahme von täglich 3000 Milligramm Pulver von Sango-Meeres-Korallen sei er fast schmerzfrei gewesen. Nach drei Monaten seien die Schmerzen vollständig verschwunden. Die Ärzte hätten eine Operation zu diesem Zeitpunkt nicht mehr für erforderlich gehalten.

Der US-Amerikaner *Russ Tomin* klagte monatelang über **Schmerzen in seiner Ferse**, konnte nicht laufen und kaum gehen, bevor er mit der regelmäßigen Anwendung von Sango-Meeres-Korallen begann. Bereits zwei Monate später seien die Schmerzen vollständig verschwunden gewesen und er könne jetzt wieder laufen, sagt Russ Tomin.

Rick Whedbee aus Covington, Georgia, litt täglich unter **Gelenkschmerzen**. Sechs Wochen nach der erstmaligen Anwendung der Sango-Meeres-Korallen sei er praktisch schmerzfrei gewesen, bekundet er. Er fühle sich besser als vor acht oder neun Jahren. Sein einziges Problem bestehe derzeit darin, seiner Familie beizubringen, wie einfach es sei, gesund zu sein.

Lisa Macintire aus Memphis, Tennessee, berichtet, wie sie ihre 18 Jahre alte Katze erfolgreich mit Sango-Meeres-Korallen behandelt hat. Diese hinkte aufgrund einer **Arthritis**, hatte steife Beine und konnte nicht mehr springen. Weniger als zwei Wochen, nachdem die Katze täglich 1000 Milligramm Sango-Meeres-Korallen-Pulver verspeist habe, habe das Haustier aufgehört zu hinken, erzählt Lisa Macintire. Einen Monat danach sei sie sogar wieder auf Möbel gesprungen. Eine anschließende Untersuchung des Blutes und des Urins beim Tierarzt habe keinerlei Hinweis mehr auf die Gelenkerkrankung Arthritis ergeben. Der Arzt habe bescheinigt, dass sich die Katze bester Gesundheit erfreue.

Willette Barbee aus Texas ist 62 Jahre alt. Aufgrund ihrer **rheumatoiden Arthritis** litt sie lange Zeit an heftigen **Schmerzen**. Weder die Behandlung durch einen Arzt noch physiotherapeutische Maßnahmen und ein Fitness-Kurs brachten eine Linderung der Beschwerden. Umso erstaunlicher sei es für sie gewesen, dass ihre Schmerzen bereits nach zweiwöchiger Einnahme von Sango-Meeres-Korallen spürbar nachgelassen hätten, sagt sie. Jetzt, nach drei Monaten, sei sie schmerzfrei und könne sich ohne Gehhilfen bewegen. Außerdem sei ihr Haar dichter geworden und eine **Schwellung im Mund** habe nachgelassen, sodass sie ihr Gebiss wieder tragen könne.

Susan Hedrik aus Lincolnton in North Carolina ist wegen ständiger **Schmerzen an der Wirbelsäule** operiert worden. Außerdem litt sie an einem **schmerzhaften Überbein am rechten Daumen**, das auf Rat zweier Ärzte ebenfalls operiert werden sollte. Aufgrund einer **Arthritis** im rechten Knie hinkte sie. Susan Hedrik berichtet, dass das Überbein bereits vier Wochen nach der erstmaligen Anwendung von Sango-Meeres-Korallen verschwunden gewesen sei. Sie könne jetzt wieder laufen, ohne zu hinken, und müsse morgens kein Heizkissen mehr in ihren Nacken legen, um die Wirbelsäule beweglich zu machen.

Billy J. Stein aus Ponca City, Oklahoma, erzählt, wie die Sango-Meeres-Korallen seinem Sohn Tim über eine schwere Zeit hinweggeholfen haben. Der Junge musste sich einer schweren Rückenoperation wegen mehrerer zerquetschter Bandscheiben unterziehen. Dabei wurden vier Bandscheiben entfernt und durch ein anderes Material ersetzt. Direkt nach der Operation habe Tim mit der Anwendung von Sango-Meeres-Korallen begonnen, berichtet sein Vater. Die Ärzte seien über den schnellen Heilungsverlauf bei dem Jungen sehr verblüfft gewesen. Als Tim einmal drei bis vier Tage lang keine Korallen eingenommen habe, habe er über heftige **Rückenschmerzen** geklagt. Nach der regelmäßigen Anwendung der Nahrungsergänzung seien die Schmerzen sofort verschwunden.

Bevor *Dr. phil. Dr. theol. Earl Bailley* aus Ohio mit der Einnahme von Sango-Meeres-Korallen begonnen hat, klagte er mehr als zwei Jahrzehnte lang über unerträgliche **Schmerzen**. Eigens deswegen war ihm eine Morphiumpumpe mittels Katheter ins Rückenmark eingepflanzt worden, was die Beschwerden linderte. Nach neun Krankenhausaufenthalten und acht Operationen hörte er von den Sango-Meeres-Korallen und ihrer gesundheitsfördernden Wirkung. Earl Bailley berichtet, was dann geschah: „Am 24. Juni 1997 begann ich die Sango-Korallen einzunehmen. Ich brauchte nicht lange, um zu erkennen, dass es sich hierbei nicht nur um eines der üblichen Calciumprodukte handelte. Bereits am 1. Juli hatte ich keine Schmerzen mehr – zum ersten Mal nach Jahren. Jetzt kann ich wieder zwölf Stunden am Stück arbeiten, ohne mich ständig zwischendurch hinlegen zu müssen."

Marianne Herr-Paul, Osteopathie-Physiopraktikerin und praktizierende Osteopathin aus Chambersburg in Illinois, berichtet von einer an **Fibromyalgie** leidenden Patientin, der die Sango-Meeres-Korallen im Kampf gegen ihre Krankheit geholfen haben. Ihr Zustand habe sich nach der Anwendung drastisch verbessert. Ihre Muskeln und Gelenke seien viel beweglicher geworden und zudem habe die Frau bereits viele Tage lang fast keine Schmerzen mehr, was seit Jahren nicht mehr der Fall gewesen sei. Ihre Schmerzmedikamente habe die Frau mittlerweile absetzen können.

Therapieerfolge bei Entgiftungen und degenerativen Krankheiten

Dass Sango-Meeres-Korallen helfen, den Körper von schädlichen Schlackenstoffen zu befreien, wurde bereits in dem Abschnitt „Gesund durch weniger Gifte und freie Radikale" (Seite 65 ff.) beschrieben. Demnach müsste es möglich sein, mit Hilfe der Inhaltsstoffe der Sango-Meeres-Korallen die Wirkung anderer Entgiftungstherapien zu verbessern. Und in der Tat erschließt sich hier ein interessantes Behandlungsfeld. Im Folgenden berichte ich über positive Erfahrungen, die ich bei der Anwendung einer Kombination aus Chelat-Therapie und der Gabe von Sango-Meeres-Korallen-Pulver in meiner eigenen Praxis gemacht habe. Sowohl Chelat-Therapie als auch die Sango-Meeres-Korallen beweisen im Kampf gegen Gifte und abnutzungsbedingte Krankheiten ihre Stärken.

Hintergrund:
Die Chelat-Therapie

Bei der Chelat-Therapie werden Infusionen aus einer Lösung mit der Aminosäure EDTA (Ethylen-Diamin-Tetra-Acetat) sowie Vitaminen und Mineralstoffen verabreicht. Die Methode wird zum Entgiften von Schwermetallen, bei Durchblutungsstörungen und gegen arteriosklerotische Ablagerungen sowie bei zahlreichen anderen degenerativen Erkrankungen seit mehr als 20 Jahren erfolgreich eingesetzt.

Während der Behandlung haben sich meine Patienten zusätzlich einer energiesteigernden Ozon-Sauerstoff-Therapie unterzogen und die Vitamine A, C, D und E sowie die des B-Komplexes erhalten. Zudem mussten sie ihre Ernährung umstellen, denn für einen dauerhaften Therapieerfolg ist eine vorwiegend basische Kost dringend erforderlich. Selbst Sango-Meeres-Korallen mit ihren segensreichen Wirkungen können den krank machenden Einfluss einer ungesunden Ernährung mit einem Zuviel an Säurebildnern wie Zucker, Fleisch und Weißmehlprodukten nicht ins Gegenteil verkehren. Alle Patienten, deren Krankheitsverlauf ich auf den folgenden Seiten schildere, haben die Ernährungsumstellung konsequent durchgeführt.

Erfahrungsberichte

Befund vor der Therapie: 58-jähriger Patient mit fortgeschrittener Hüftgelenkarthrose rechts; deutliche Aktivierung und Bewegungseinschränkung sowie Dysplasie (Fehlstellung) der Hüfte; Verdacht auf beginnende Hüftkopfnekrose (Erkrankung, für die das Absterben eines Teils des Oberschenkelknochenkopfes charakteristisch ist).
Behandlungsverlauf: Der Patient erhält fünf Chelat-Behandlungen. Zudem bekommt er in dieser Zeit dreimal täglich 1500 Milligramm Sango-Meeres-Korallen-Pulver. Nach der Behandlungsserie sind die Gelenkbeschwerden verschwunden. Anzumerken ist in diesem Fall, dass

der Patient ein begeisterter Sportler ist und täglich trainiert. Er ist in jüngeren Jahren sogar Marathon gelaufen und war sehr betrübt, weil er aufgrund seiner starken Gelenkschmerzen und seiner Bewegungseinschränkung vor der Therapie nicht mehr laufen konnte. Nach der siebenwöchigen Behandlung kann er stundenlang ohne Schmerzen marschieren und hat wieder begonnen zu trainieren. Die Therapie ist noch nicht abgeschlossen.

Befund vor der Therapie: 45-jähriger Patient mit Hypertrophie (Vergrößerung) der Prostata und beidseitiger Kniegelenkarthrose mit Bewegungseinschränkung; der Patient hat seit Jahren eine Pilzerkrankung im Genitalbereich; er klagt außerdem über plötzliche Leistungsabfälle, die vor allem nachmittags und beim Autofahren auftreten, und über einen starken Harndrang.
Behandlungsverlauf: Der Patient unterzieht sich insgesamt sieben Chelat-Therapien. Im Laufe der Behandlung kommt es zu einer deutlichen Verminderung sämtlicher Beschwerden. 14 Tage nach dem Beginn der regelmäßigen Einnahme von Sango-Meeres-Korallen-Pulver berichtet der 45-Jährige über eine erhebliche Besserung der Prostataprobleme. Nach etwa acht Wochen Therapie ist der starke Harndrang des Patienten fast verschwunden – er muss nachts nicht mehr auf die Toilette gehen. Die Haut im Genitalbereich ist reizlos und seine Leistungsfähigkeit komplett wiederhergestellt. Die Erschöpfungszustände treten nicht mehr auf und die Kniegelenke kann er jetzt ohne Schmerzen bewegen.

Befund vor der Therapie: 58-jähriger Patient mit Bluthochdruck, Fettstoffwechselstörungen, Funktionseinschränkung der Leber, chronischen Kopfschmerzen und Erschöpfungszuständen (tagsüber durchgehend müde und auch nach sieben Stunden Schlaf ohne Energie); zwölf Zähne des Patienten weisen Amalgamfüllungen auf; nach der Gabe von Vitaminen erhöhen sich die Blutdruckwerte weiter; der 58-Jährige klagt über Prostatabeschwerden und über im Turnus von zwei bis drei Tagen wiederkehrende Kopf- und Muskelschmerzen in den Armen und im

Schulterbereich. Beim Treppensteigen ist er kurzatmig; er berichtet von gelegentlichen Schwindelanfällen.
Behandlungsverlauf: Der Patient unterzieht sich einer Serie von elf Chelat-Therapien. Nach der siebten Behandlung bessert sich sein Zustand merklich: Die Kopfschmerzen sind völlig verschwunden und die Müdigkeit ist deutlich rückläufig. Nach der Gabe von Sango-Meeres-Korallen-Pulver (dreimal 1500 Milligramm pro Tag) kommt es schnell zur Stabilisierung der Blutdruckwerte. Auch nach Ausschleichen der Doppelmedikation (zwei verschiedene Blutdruckmittel) bleibt der Blutdruck weiter normal. Zehn Wochen nach Therapiebeginn treten bei dem 58-Jährigen keine Erschöpfungszustände und keine chronischen Kopfschmerzen mehr auf.

Befund vor der Therapie: 50-jährige Patientin mit klimakterischen Beschwerden, hochgradigen Erschöpfungszuständen und Schlafstörungen.
Behandlungsverlauf: Nach einer Kombinationsbehandlung aus sechs Chelat-Therapien und einer täglichen Dosis von dreimal 1500 Milligramm Sango-Meeres-Korallen-Pulver berichtet die Patientin, dass ihre Erschöpfungszustände völlig verschwunden seien. Sie habe außerdem keine klimakterischen Beschwerden mehr. Eine Kontrolluntersuchung nach fünf Monaten ergibt, dass der Behandlungserfolg angehalten hat. Das Sango-Meeres-Korallen-Pulver hat die Patientin in dieser Zeit in der Anfangsdosierung weitergenommen.

Befund vor der Therapie: 48-jähriger Patient mit Bluthochdruck und Fettstoffwechselstörung; trotz Einnahme eines Blutdruckmittels weist der Patient deutlich erhöhte Blutdruckwerte bis zu 175/125 mm Hg auf – der diastolische Wert (niedrigerer Wert – Phase der Erschlaffung in der Herzaktion) unterschreitet die 100 nie.
Behandlungsverlauf: Bei dem Patienten wird eine Kombination aus Chelat-Therapie und hochdosiert verabreichtem Sango-Meeres-Korallen-Pulver (dreimal täglich 1500 Milligramm) durchgeführt. Während der Behandlung wird das Blutdruckmittel langsam ausgeschlichen.

Nach etwa vier Wochen weist der 48-Jährige trotz des niedriger dosierten Blutdruckmedikaments normale Blutdruckwerte auf. Auch nachdem das Arzneimittel nach acht Wochen vollständig abgesetzt worden ist, werden Werte gemessen, die mit maximal 135/95 mm Hg deutlich unter den vor Therapiebeginn ermittelten Werten liegen. Der Patient nimmt weiterhin regelmäßig Sango-Meeres-Korallen-Pulver in der Anfangsdosierung ein. Nach einem Jahr ist der Blutdruck mit Werten um 130/90 mm Hg immer noch stabil – ohne jegliche Medikation, nur durch die Gabe des Korallen-Pulvers.

Wissenswertes zur Selbsthilfe: So wenden Sie die Korallen richtig an

Gesundheit, die von Dauer ist

Sango-Meeres-Korallen sind ein reines Naturprodukt. Sie enthalten wertvolle Mineralstoffe und Spurenelemente, die für den Körper des Menschen essenziell sind und die in den Korallen in ionisierter, das heißt in einer für unseren Organismus sehr gut verwertbaren Form vorliegen. Die Korallen sind kein Arzneimittel im eigentlichen Sinne. Vielmehr dienen sie der gesunden Ergänzung unserer täglichen Nahrung. Sie gewährleisten, dass die Mineralstoffdepots in den Zellen und im Organismus immer gut gefüllt sind und dass der Säure-Basen-Haushalt im Gleichgewicht ist. Außerdem beugen sie Mangelerscheinungen und deren Folgekrankheiten vor.

Das geschieht allerdings nicht über Nacht, auch wenn es bei manchen Menschen passieren kann, dass sich das Wohlbefinden bereits wenige Tage nach der Erstanwendung der Korallen spürbar bessert und die Leistungsfähigkeit deutlich steigt. Das positive Gefühl ist in diesem Fall trügerisch und nicht von langer Dauer: Nach Absetzen der Nahrungsergänzung werden die Depots schnell wieder geleert. Diese brauchen eben ihre Zeit, bis sie gut gefüllt sind. Nur dann bleibt der Säure-Basen-Haushalt auf lange Sicht im Gleichgewicht, denn lediglich aus vollen Speichern können bei Bedarf genügend basische Mineralstoffe mobilisiert werden, ohne dass der Körper und seine Depots in den Zellen, den Knochen, der Haut und anderen Geweben bald wieder Mangel leiden. Deswegen müssen Sango-Meeres-Korallen zunächst in höherer Dosierung täglich über einen Zeitraum von drei bis neun Monaten zugeführt werden. Bei Menschen mit schweren chronischen Krankheiten kann das Auffüllen der Reserven noch länger dauern.

Sind die Mineralstoffspeicher gefüllt, ist es ratsam, die Meeres-Korallen in niedrigerer Dosis, der so genannten „Erhaltungsmenge“, langfristig und regelmäßig zu verzehren. Die vorhandenen Reserven können den Körper auf diese Weise dauerhaft und in Basen raubenden Situationen alkalisch halten. Eine Umstellung der Ernährung auf mehr basische Lebensmittel verstärkt die positive Wirkung der Sango-Meeres-Korallen noch. Welche Nahrungsmittel und Getränke dabei erlaubt und welche verboten sind, erfahren Sie in der Tabelle „Basische und saure Lebensmittel“ (Seite 46 ff.; siehe auch unter „Viele Gründe für das gestörte Gleichgewicht“, Seite 44 ff.).

Schönheit kommt von innen

Um eine spürbare Wirkung auf das Wohlbefinden, die Vitalität und die Gesundheit des Menschen zu erzielen, müssen Sango-Meeres-Korallen innerlich angewendet werden. Zwar gehören zur Sango-Produkt-Palette mittlerweile auch Körperpflegemittel wie Tages- und Nachtcremes, Sport- und Duschgels, Reinigungsmilch, Gesichtswasser, Körperlotionen und Shampoos, die aufgrund ihrer ausgleichenden und nährenden Substanzen die Struktur von Haut und Haaren verbessern können – dennoch gilt: Wahre Schönheit und Gesundheit kommen von innen. Nur bei der innerlichen Anwendung gelangen die Wirkstoffe in ausreichender Menge auch in tiefere Hautschichten und in die Zellen der Gewebe und Organe. Für die innere Anwendung bieten sich unter anderem reines Pulver und Kapseln an. Herkömmliche Kapseln enthalten 500 Milligramm pures Pulver der Sango-Meeres-Korallen und loses Pulver kann zum Beispiel mit Hilfe von Messlöffeln leicht dosiert werden.

Wer benötigt die Nahrungsergänzung?

Prinzipiell helfen Sango-Meeres-Korallen jedem Menschen, da wir aufgrund unserer Ernährungs- und Lebensweise mittlerweile fast alle an einem mehr oder weniger ausgeprägten Mangel an basischen Mineralstoffen oder Spurenelementen leiden. Besonders geeignet ist die Nahrungsergänzung jedoch ...

- in Lebensphasen mit erhöhtem Calciumbedarf wie in der Schwangerschaft und Stillzeit
- für junge Erwachsene
- bei starker körperlicher Betätigung in Sport und Beruf
- für ältere Menschen, die häufig zu wenig essen und daher nicht genügend Vitalstoffe mit der Nahrung aufnehmen
- für Menschen, die „sauer" sind, weil sie sich schlecht ernähren, viel Kaffee oder regelmäßig Alkohol trinken
- für stark gestresste und erschöpfte Menschen
- für Kranke und insbesondere für chronisch Kranke als Unterstützung bei Therapien

Reinheit, Qualität und Herstellung von Sango-Meeres-Korallen-Pulver

Auf die Herkunft achten

Zur Herstellung von Nahrungsergänzungen können Sango-Korallen grundsätzlich auf zwei Arten gewonnen werden. Entweder werden sie auf dem Land in Minen abgebaut (so genannte „Land-Korallen") oder sie werden den fossilen Beständen im Meer entnommen (Sango-Meeres-Korallen). Dabei werden für die Herstellung von Nahrungsergänzungen aus Meeres-Korallen, wie bereits erwähnt, keine lebenden Korallen aus intakten Riffen geerntet, sondern abgebröckelte Fossilienteile jenseits der Riffe vom Meeresboden gewonnen.

Für die fossilen *Korallen aus dem Meer* spricht laut Expertenmeinung der Vitalstoffreichtum und das biologisch besonders wertvolle Calcium-Magnesium-Verhältnis von 2:1. Demgegenüber liegt die Calcium-Magnesium-Relation von *Land-Korallen* bei 15:1 bis 18:1. Dieser geringe

Magnesiumanteil in Land-Korallen kann bei der Einnahme über längere Zeit zu einem Magnesiummangel führen, weil Calcium für seine zahlreichen Wirkungen im Körper Magnesium verbraucht (100 Milligramm Calcium benötigen 50 Milligramm Magnesium). Liegt in Nahrungsergänzungen aus Land-Korallen ein Verhältnis von 2:1 vor, kann davon ausgegangen werden, dass ihnen nachträglich Magnesium beigemischt wurde. Die Kraft, die in der Ursprünglichkeit des reinen Naturprodukts aus fossilen Meeres-Korallen steckt, wird dadurch allerdings nicht erreicht. Land-Korallen haben noch einen Nachteil gegenüber Meeres-Korallen: Sie können mit Schadstoffen aus der Luft oder dem Regenwasser belastet sein. Achten Sie also darauf, dass Sie nur Sango-Meeres-Korallen einnehmen.

Patentierte Verarbeitung – frei von chemischen Zusätzen

Gesunde Nahrungsergänzungen aus dem reinen Pulver der Sango-Meeres-Korallen von Okinawa werden zu 100 Prozent aus fossilen Korallen gewonnen. Im Handel sind sie häufig auch unter der englischen Bezeichnung *marine sango-corals* (Abkürzung: MSC) zu finden. Produziert werden sie nach dem weltweit einzigen patentierten Verfahren von Nobuo Someya aus Okinawa. Bei diesem besonderen Herstellungsprozess werden den Sango-Meeres-Korallen eventuell vorhandene Giftstoffe entzogen, die sich im Laufe der Zeit angesammelt haben könnten. Zudem werden die Mineralstoffe und Spurenelemente energetisch so aktiviert, dass sie ionisieren, sobald sie in Wasser gelöst werden. Das macht sie für den Körper des Menschen besonders gut verfügbar und damit auch sehr wertvoll (siehe unter „Korallenpulver hat es in sich: Wertvolle Wirkstoffe in ionisierter Form“, Seite 29 ff.). Die Kombination aus der kraftvollen energetischen Wirkung der fossilen Korallen – die Energie wurde über Millionen Jahre gespeichert – und der ionisierten Form werden für die außergewöhnlichen gesundheitsfördernden Effekte der Korallen verantwortlich gemacht.

Ein weiteres wichtiges Qualitätsmerkmal von Sango-Meeres-Korallen ist: Es handelt sich um ein Naturprodukt, das keine chemischen oder anderen Zusätze enthält. Die Korallen gelangen als Nahrungsergänzung völlig naturbelassen auf den Markt.

Anwendungsbeispiele für Gesunde und Kranke

Wer die Sango-Meeres-Korallen für die eigene Gesundheit nutzen möchte, sollte sie über den Tag verteilt zuführen. Die für Sie in Frage kommende Dosierung entnehmen Sie bitte dem Kapitel „Auf die richtige Dosis kommt es an“ (Seite 95 ff.). Je nach Darreichungsform gibt es folgende Unterschiede bei der Anwendung:

- **Kapseln** (mit 500 Milligramm Sango-Meeres-Korallen-Pulver pro Kapsel): Nehmen Sie jeweils dreimal täglich ein bis drei Kapseln mit mindestens 0,3 Liter Wasser vor dem Essen ein.
- **Pulver:** Nehmen Sie jeweils dreimal täglich ein bis drei gestrichene Messlöffel Sango-Meeres-Korallen-Pulver à 500 Milligramm vor den Mahlzeiten ein. Am besten wirkt das Pulver, wenn Sie es pur verzehren und dabei gut einspeicheln. Dadurch werden erste Mineralstoffe und Spurenelemente bereits über die Mundschleimhaut aufgenommen. Nach der Einnahme sollten Sie unbedingt mit ein bis zwei Gläsern Wasser nachspülen. Sie können das Pulver auch in einem Glas gutem Wasser oder in ungesüßtem Tee auflösen und trinken. Füllen Sie das Glas nach dem Leeren noch einmal, um Pulver, das sich eventuell am Boden abgesetzt hat, nicht zu verschwenden. Vielfach wird empfohlen, das Pulver Fruchtsäften, Joghurts oder Quarkspeisen beizumischen und so zu verzehren. Das schmeckt zwar sehr lecker – die Vitalstoffe konkurrieren dann jedoch mit anderen Nahrungsbestandteilen um die Aufnahme in den Körper und gelangen nicht so schnell an ihren Wirkungsort. Besser ist daher die „kalorienfreie“ Einnahme vor den Mahlzeiten.

Tipp:
Trinken nicht vergessen!

Achten Sie darauf, dass Sie über den Tag verteilt genügend Wasser trinken, solange sie die Sango-Meeres-Korallen anwenden. Denn: Wer seinen Körper nicht ausreichend mit Flüssigkeit versorgt, riskiert eine Übersäuerung. Zudem werden Schlacken- und Schadstoffe, die bei den von den Korallen eingeleiteten Entgiftungsprozessen entstehen, mit Hilfe von Wasser leichter aus dem Körper ausgeleitet. Je nach körperlicher Anstrengung und Gewicht brauchen Erwachsene zwei bis drei Liter Flüssigkeit pro Tag. Wer sich sportlich intensiv betätigt oder einem schweißtreibenden Beruf nachgeht, benötigt eventuell mehr.
Wichtig ist außerdem die Qualität des Wassers, das wir trinken. Stark kohlensäurehaltiges Wasser ist, wie der Namen bereits verrät, zu sauer. Besser ist es, gefiltertes und energetisiertes Wasser ohne Kohlensäure zu trinken.

Hier tut sich etwas: So machen sich die Wirkstoffe anfangs bemerkbar

Haben Sie mit der Anwendung von Sango-Meeres-Korallen begonnen, werden Sie bald einige Veränderungen in Ihrem Körper spüren, die auf die Wirkung der Mineralstoffe zurückzuführen sind. Diese müssen zunächst nicht immer positiv wahrgenommen werden. Es kann beispielsweise vorübergehend vorkommen, dass Gelenke oder längst verheilte Knochenbrüche wieder schmerzen, alte Verletzungen möglicherweise spürbar werden und Verdauungsstörungen oder Hautveränderungen auftreten. In der Regel handelt es sich hierbei um so genannte „Erstverschlimmerungs-Beschwerden“, die nach kurzer Zeit wieder verschwinden. Diese sind zwar häufig unangenehm, zeigen Ihnen jedoch nur, dass die Sango-Meeres-Korallen tatsächlich etwas in Ihrem Körper in Bewegung bringen. Zum Beispiel werden im Zuge der Entsäuerung zunächst schädliche Substanzen freigesetzt, die dann später ausgeschieden werden.

Sollte das bei Ihnen so sein, trinken Sie etwas mehr als sonst und schleichen Sie sich langsam in die richtige Dosis ein. Das bedeutet: Nehmen Sie zunächst nur ein Drittel oder die Hälfte der Menge an Sango-Meeres-Korallen-Pulver, die Sie benötigen. Dadurch verringern Sie die Belastung durch die vorübergehend in erhöhtem Maße freigesetzten Schadstoffe. Steigern Sie die Dosis dann nach und nach, bis Sie die Enddosierung erreicht haben. Oft kann allerdings auch mit einer höheren Dosis eine schnelle Besserung von Ausleitungsbeschwerden erreicht werden. Wie auch immer Ihr Körper reagiert, beachten Sie bitte: Sollten die Probleme nicht innerhalb von einigen Tagen nachlassen, setzen Sie die Einnahme besser ab und besprechen Sie das Problem auf jeden Fall mit einem fachkundigen Therapeuten (siehe hierzu die Kontaktadresse auf Seite 101).

Gelegentlich kommt es sofort nach dem Verzehr der Korallen zu einem Energieschub, der durch die ionisierten Mineralstoffe und Spurenelemente ausgelöst wird. Dieser kann sich durch Schlafstörungen bemerkbar machen. Sind Sie davon betroffen, sollten Sie die letzte Tagesration Sango-Meeres-Korallen abends nicht später als um 17 oder 18 Uhr zu sich nehmen.

Wenn die Inhaltsstoffe der Korallen ihre Aufgaben im Körper erledigt haben, die Mineralstoffdepots also gefüllt sind und das Säure-Basen-Gleichgewicht hergestellt ist, werden Sie schnell feststellen, dass sich Ihr Wohlbefinden enorm verbessert hat und Sie deutlich mehr Energie haben. Je nach Gesundheitszustand Ihres Körpers kann das jedoch mehrere Monate dauern.

Gibt es Risiken und Nebenwirkungen?

Sango-Meeres-Korallen enthalten Mineralstoffe und Spurenelemente, die auch in unserem Körper von Natur aus vorkommen. Deshalb treten abgesehen von den Erstverschlimmerungs-Beschwerden (siehe oben) in der Regel keine Nebenwirkungen auf, wenn das Pulver in der angegebenen Dosierung angewendet wird (siehe unter „Auf die richtige Dosis kommt es an", Seite 95 ff.).

Kranke, insbesondere Dialyse-Patienten und Menschen mit Nieren-, Gallen- oder Blasensteinen, sollten Sango-Meeres-Korallen nur in Absprache mit einem Therapeuten anwenden. Das gilt auch für Menschen, die Arzneimittel einnehmen, denn zwischen den Inhaltsstoffen der Sango-Korallen und verschiedenen Medikamenten-Wirkstoffen kann es im Körper zu Wechselwirkungen kommen. Vorsichtshalber sollten Dosierung und Dauer der Einnahme auch bei Kleinkindern mit einem Arzt oder Heilpraktiker abgeklärt werden (siehe Kontaktadresse auf Seite 101).

Wichtig!
Grenzen der Selbsthilfe

Die Anwendungsbeispiele in diesem Buch sind nicht zur Selbstbehandlung von Krankheiten gedacht. Liegt eine Erkrankung vor oder besteht der Verdacht, dass Sie krank sind, sollte die Anwendung der Sango-Meeres-Korallen von einem kundigen Therapeuten begleitet werden.

Auf die richtige Dosis kommt es an

Je nach Gesundheitszustand und Grad der Übersäuerung eines Menschen bieten sich unterschiedliche Zufuhrmengen für Sango-Meeres-Korallen an. Auf den folgenden Seiten werden verschiedene Dosierungsmöglichkeiten für Erwachsene vorgestellt, die der Orientierung dienen können:

- Einnahmemenge, die chronisch Kranken begleitend zu einer Therapie empfohlen wird
- Erhaltungsdosis, die gesunde Menschen ihrem Körper zuführen sollten
- individuelle Dosierung, die sich nach dem jeweiligen pH-Wert des Speichels (= Maß für den Säuregrad des Körpers) richtet

Verzehrmengen für Menschen mit chronischen Krankheiten

Dr. Carl J. Reich, der die Wirkung von Sango-Meeres-Korallen über viele Jahre erforscht hat, empfiehlt folgende Dosierung bzw. Dosierungsreihenfolge für Menschen mit schweren chronischen Krankheiten:[42]

1. *Neun Monate dreimal 1500 Milligramm Sango-Meeres-Korallen-Pulver täglich* – das entspricht täglich dreimal drei Kapseln à 500 Milligramm oder dreimal drei gestrichenen Messlöffeln Pulver à 500 Milligramm.
2. *Etwa zwölf Monate dreimal 1000 Milligramm Pulver täglich* – das entspricht täglich dreimal zwei Kapseln à 500 Milligramm oder dreimal zwei gestrichenen Messlöffeln Pulver à 500 Milligramm.
3. Sobald der Gesundheitszustand sich gebessert und stabilisiert hat, befürwortet Dr. Carl J. Reich eine Erhaltungsmenge von *täglich dreimal 500 Milligramm Pulver* (= dreimal eine Kapsel à 500 Milligramm oder dreimal einen gestrichenen Messlöffel Pulver à 500 Milligramm pro Tag). Mit dieser Dosis wird der Status quo „gehalten". Das heißt: Die zugeführte Menge reicht aus, um die Mineralstoffdepots auch bei unserer heutigen Lebens- und Ernährungsweise, in der es häufig zu Nährstoffdefiziten kommen kann (siehe unter „Vorsicht: Vitalstoffmangel in unserer Nahrung!", Seite 27 ff.), auf lange Sicht zu füllen.

Verzehrmengen für Gesunde

Gesunden Menschen wird empfohlen, *täglich dreimal 500 Milligramm Sango-Meeres-Korallen-Pulver* (= dreimal eine Kapsel à 500 Milligramm oder dreimal einen gestrichenen Messlöffel Pulver à 500 Milligramm pro Tag) einzunehmen. Dadurch wird ein Schrumpfen der Mineralstoffreserven und ein Sinken des pH-Werts im Körper verhindert und ein dauerhaft stabiler Gesundheitszustand unterstützt.

Dosierung bei Kindern

Säuglinge und Kinder bis zum dritten Lebensjahr nehmen täglich zweimal einen gestrichenen Messlöffel Sango-Meeres-Korallen-Pulver à 500 Milligramm ein. Das Pulver kann zum Beispiel mit Tee vermischt werden. Kinder vom vierten Lebensjahr an verzehren dreimal eine Kapsel à 500 Milligramm oder dreimal einen gestrichenen Messlöffel Pulver à 500 Milligramm pro Tag. Sollte Ihr Kind krank sein, sprechen Sie bitte mit einem Therapeuten über die Verzehrmengen und die Anwendungsdauer.

Durch Speichel-pH-Messungen ermittelte Verzehrmengen

Eine sehr exakte Methode, um den Mineralstoffbedarf im Körper zu ermitteln und damit ein feines und individuelles Maß für die richtige Dosierung der Sango-Meeres-Korallen zu erhalten, ist die Messung des Speichel-pH-Werts. Je niedriger dieser Wert ist, desto mehr Korallen-Pulver müssen Sie täglich zu sich nehmen. Und so funktioniert das System: Nachdem Sie Ihren pH-Wert – wie unter „Ermitteln Sie Ihren Säuregrad mit dem Speicheltest" (Seite 98 ff.) beschrieben – gemessen haben, können Sie die dazu gehörende Verzehrempfehlung der Tabelle „Speichel-pH-Werte, Versorgungsstatus und Dosierung" entnehmen. Die pH-Wert-Messung sollten Sie einmal pro Woche wiederholen und bei veränderten Werten die Dosierung entsprechend den Angaben in der Tabelle anpassen.

Achtung!

Bei Menschen, die an einer chronischen Krankheit leiden oder sehr viel Stress ausgesetzt sind, kann der pH-Wert über 7 liegen, obwohl die Flüssigkeiten im Inneren des Körpers sehr sauer sind. Haben Sie den Verdacht, dass das bei Ihnen der Fall ist, suchen Sie Rat bei einem fachkundigen Therapeuten.

Ermitteln Sie Ihren Säuregrad mit dem Speicheltest

Eine der wichtigsten Errungenschaften, die aus Dr. Carl J. Reichs Forschungstätigkeit über Mineralstoffdefizite und deren Folgen für den Menschen hervorgegangen sind, ist der Speicheltest. Das ist ein einfacher, aber gleichzeitig sehr genauer klinischer Test für Calcium- bzw. Mineralstoffmangel. Hintergrund für den Erfolg dieser Messmethode ist die Tatsache, dass der pH-Wert der extrazellulären Flüssigkeiten (Zellzwischenräume, Blut) eines gesunden Menschen mit 7,4 dem des Speichels exakt gleicht. Da der Säuregrad der Flüssigkeiten außerhalb der Zellen ein genaues Maß für einen Mangel an Calcium bzw. Mineralstoffen in den Zellen und damit auch für den Gesundheitszustand ist (die Zusammenhänge wurden im Kapitel „Sango-Meeres-Korallen: Der Schlüssel für einen ausgeglichenen Säure-Basen-Haushalt“, Seite 42 ff., ausführlich erörtert), bedeutet das: Der pH-Wert des Speichels lässt genaue Rückschlüsse auf die Güte der Versorgung mit Calcium und anderen Mineralstoffen im Körper zu. Therapiefort- oder -rückschritte können so sehr einfach erkannt werden.

Demgegenüber sind pH-Tests des Urins als Maß für den Säuregrad und für Mineralstoffmängel völlig ungeeignet. Der pH-Wert des Harns unterscheidet sich nicht nur von dem der extrazellulären Flüssigkeiten, sondern er ändert sich je nach Ernährungsweise ständig und ist abhängig von der Flüssigkeitsaufnahme. Er reagiert beispielsweise noch 12 bis 24 Stunden auf den Verzehr von Säure bildender Nahrung.

pH-Wert-Bestimmung mit Indikatorstreifen

Den pH-Wert Ihres Speichels können Sie von einem Therapeuten messen lassen, Sie können ihn aber auch selbst ermitteln. In Apotheken und im Internet beispielsweise sind Teststäbchen, so genannte „pH-Indikator-Streifen“, erhältlich. Bei diesen kann an einer entsprechenden Farbskala abgelesen werden, wo der eigene pH-Wert liegt. Kinder und Athleten weisen oft einen alkalischen Wert auf und liegen damit im gesunden Bereich – die Teststäbchen zeigen in solchen Fällen eine blaue

Farbe an. Demgegenüber haben chronisch schwer erkrankte Menschen in der Regel einen sauren pH-Wert, für den eine hellgelbe Farbe charakteristisch ist. Krebskranke liegen nie im alkalischen Bereich, was ein Indiz dafür ist, dass Tumore im basischen Milieu nicht überleben können.

Bevor Sie die Sango-Meeres-Korallen das erste Mal einnehmen, sollten Sie den Speichel testen, um den Säuregrad der Körperflüssigkeiten festzustellen. Messen Sie den pH-Wert am besten gleich morgens nach dem Aufstehen und unbedingt vor dem Frühstück und dem Zähneputzen. Ziehen Sie den Speichel vorher dreimal im Mund zusammen, schlucken Sie ihn herunter und feuchten Sie das Indikatorpapier dann mit frischem Speichel an. Jetzt können Sie anhand der Farbskala den pH-Wert ablesen.

Achtung!

Der pH-Wert-Test ist nur aussagekräftig, wenn Sie zwei Stunden vorher nichts gegessen und getrunken haben (außer Wasser). Sie sollten ihn einmal pro Woche machen, um daraus Rückschlüsse auf den Zustand Ihres Mineralstoffhaushalts und damit auch auf die von Ihnen benötigte Menge Sango-Meeres-Korallen-Pulver ziehen zu können (zur Bedeutung der pH-Werte: siehe Tabelle umseitig).

Tabelle:
Speichel-pH-Werte, Versorgungsstatus und Dosierung

Speichel-pH-Wert	Beurteilung der Mineralstoffversorgung	Empfehlung für die tägliche Zufuhrmenge von Sango-Meeres-Korallen
unter 6,0	möglicherweise ernster Mineralstoffmangel	dreimal 1500 mg
6,1–6,4	deutlicher Mineralstoffmangel, bei dem sich eine Krankheit entwickeln kann, aber noch nicht manifestiert hat	dreimal 1500 mg
6,5–6,9	leichter bis mittelmäßiger Mineralstoffmangel	dreimal 1500 mg
7,0–7,1	kaum Mineralstoffmangel, fast gefüllte Mineralstoffdepots	dreimal 1000 mg (zum vollständigen Füllen der Mineralstoffdepots)
7,2–7,5	kein Mineralstoffmangel, Mineralstoffreserven sind im Körper vorhanden	dreimal 500 mg (Erhaltungsdosis)

Kontaktadresse

für weitere wissenschaftliche Informationen:

Reinhard Danne
An der Schinderlohe 15
86482 Aystetten

Telefon + Fax: 0821/508 43 07
Telefon: 0821/31 28 38

Quellenangaben

1 Huber, 2000, s. 29
2 Barefoot, Reich, 2002, S. 32
3 Ebenda, S. 32
4 Ishitani et al., 1999, S. 32
5 K. Suzuki et al., 1999, S. 33
6 Ishitani et al., 1999, S. 33
7 S. Holt, 2003, S. 33
8 Ishitani et al., 1999, S. 33
9 Barefoot, Reich, 2002, S. 48
10 Ebenda, S. 49
11 Wargovich, Baer, 1989; Cho et al., 2004; Schünemann, 2005; Shaukat, Scouras, Schünemann et al., 2005; Fleet, 2006, S. 40
12 Matkovic et al., 2005, S. 50
13 Pan et al., 2000; Belizan et al., 1997; Mc Carron, Morris, 1986, S. 50
14 Thys-Jacobs et al., 1998; 2000, S. 50
15 Barefoot, Reich, 2002, S. 51
16 *BIO*-Magazin, 2003, S. 59
17 Willcox et al., 2002, S. 62
18 Dörffel, 2001, S. 63
19 Ishitani et al., 1999, S. 63
20 Mc Carron et al., 1986, S. 64
21 Ishitani et al., 1999, S. 64
22 Holt, 2003, S. 64
23 Ishitani et al., 1999, S. 66
24 Yacowitz et al., 1965; Jorde et al., 1999, S. 67
25 Ishitani et al., 1999, S. 68
26 Ebenda, S. 69
27 Shen et al., 2002, S. 70
28 Krischker, 2003, S. 70
29 Lansdown, 2002, S. 70
30 Ishitani et al., 1999, S. 71

31 Ebenda, S. 72
32 Cho et al., 2004; Wargovich et al., 1989, S. 73
33 P. R. Holt et al., 1998, S. 74
34 Hirota, Sugisaki, 2000, S. 74
35 Stengel, 2005, S. 74
36 Ishitani et al., 1999, S. 75
37 Ebenda, S. 76
38 Reddy et al., 2003, S. 76
39 Texter, 1989, S. 76
40 S. Holt, 2003, S. 76
41 Barefoot, Reich, 2002, S. 77
42 Ebenda, S. 96

ANHANG

Wichtige Fachausdrücke

alkalisch: basisch, als Lauge vorliegend

Alkalität: Maß für den Basengehalt; ein Medium mit einem pH-Wert von mehr als 7 ist basisch bzw. alkalisch

Angina pectoris: mit einem anfallartigen Schmerz/einer Enge in der Brust einhergehende Krankheit; sie wird durch Durchblutungsstörungen der Herzkranzgefäße ausgelöst

Antioxidantien/Antioxidationsmittel/antioxidativ: chemische Substanzen, die freie Radikale im Körper entschärfen können; wirksame Antioxidantien sind zum Beispiel Selen, Zink und die Vitamine C und E

Arteriosklerose: degenerative Erkrankung, die mit Ablagerungen in den Blutgefäßwänden einhergeht; landläufig als Arterienverkalkung bezeichnet; im Extremfall kommt es zum Verschluss von Blutgefäßen, was zum Herzinfarkt oder Schlaganfall führen kann

Arthritis: entzündliche Gelenkerkrankung; durch Krankheitskeime oder Autoimmunstörungen verursacht

Arthrose: abnutzungsbedingte Gelenkerkrankung

Azidität: Maß für den Säuregehalt; Säuren haben einen pH-Wert unter 7

Azidose: Übersäuerung

basisch: alkalisch, als Lauge vorliegend

Bikarbonat-Puffer-System: spezielles Salz-Puffer-System; es hat die Aufgabe, Säuren im Körper zu neutralisieren

Cephalgie: Kopfschmerzen

Cerebralsklerose: „Verkalkung“ der Blutgefäße im Gehirn; dadurch kommt es zu Durchblutungsstörungen (Folge: Schwindel, Kopfschmerzen, Ohrensausen, Schlafstörungen) und eingeschränkter geistiger Leistungsfähigkeit

Cholesterin: fettähnliche Substanz; ein zu hoher Cholesterinwert im Blut begünstigt die Entstehung von Arteriosklerose; Wissenschaftler unterscheiden das „gute“, gesundheitsfreundliche HDL-Cholesterin von dem „bösen“, gesundheitsschädlichen LDL-Cholesterin

Degenerationskrankheiten/degenerative Erkrankungen: abnutzungsbedingte Erkrankungen

DNS: Abkürzung für **D**esoxyribo**n**uklein**s**äure; die DNS ist ein großes Molekül, das die genetische Information (Erbinformation) enthält

Enzyme: Biokatalysatoren; sie steuern Stoffwechselvorgänge, indem sie chemische Vorgänge beschleunigen oder hemmen

essenziell: lebensnotwendig

extrazellulär: außerhalb der Zelle/im Zellzwischenraum vorkommend

Fibromyalgie: chronische, in Schüben verlaufende Krankheit; sie geht mit Schmerzen im Bewegungsapparat (Muskeln, Sehnen) und allgemeinen Symptomen wie Müdigkeit, Schlafstörungen, Depressionen etc. einher

freie Radikale: Moleküle bzw. Teile von Molekülen, die im Körper des Menschen sehr aggressiv reagieren, körpereigene Substanzen und Strukturen angreifen und diese durch das Auslösen von Kettenreaktionen zerstören können; freie Radikale entstehen im Körper zum Beispiel durch UV- oder Röntgen-Strahlung, durch Zigarettenrauch, Umweltbelastungen, Stress oder infolge von Krankheiten; sie können Zellschäden hervorrufen und so die Entstehung von Krankheiten wie Arteriosklerose, Alzheimer, Rheuma und sogar Krebs begünstigen

Guillain-Barre-Syndrom: entzündliche Erkrankung der zentralen Nervenwurzeln des Rückenmarks und der peripheren Nerven; das Syndrom geht mit Lähmungserscheinungen an Armen und Beinen bis hin zur Atemlähmung einher

Herzinsuffizienz: landläufig auch „Herzschwäche“ genannt; sie bezeichnet das Unvermögen des Herzens, bei Belastung oder in Ruhe die im Körper benötigte Blutmenge in Umlauf zu bringen

Hormone: Botenstoffe im Organismus; sie regulieren und koordinieren Stoffwechselprozesse

Hypercholesterinämie: Erkrankung infolge einer Fettstoffwechselstörung, die durch erhöhte Cholesterinwerte im Blut gekennzeichnet und mit einem erhöhten Arteriosklerose-Risiko verbunden ist

Hyperlipidämie: Störung des Stoffwechsels bei Lipiden (= Fette und fettähnliche Substanzen); die Hyperlipidämie ist durch erhöhte Triglyzerid- und Cholesterinwerte im Blut gekennzeichnet und lässt das Risiko für Arteriosklerose steigen

intrazellulär: in der Zelle vorkommend

Ion: elektrisch negativ oder positiv geladenes Teilchen; Beispiele: Calcium und Magnesium kommen als zweifach positiv geladene Ionen vor

ionisch/ionisiert: in Form eines Ions vorliegend/gebracht; gelöst in kleinsten Teilchen; Mineralstoffe und Spurenelemente liegen als Ionen in ihrer kleinsten Form vor; im Vergleich zur Komplexform lassen sie sich wesentlich besser und schneller durch die Zellbegrenzungen in die Körperzellen schleusen

Karpal-Tunnel-Syndrom: Einengung des *Nervus medianus* im Bereich der Handwurzel

Klimakterium: landläufig auch „Wechseljahre“ genannt; das Klimakterium bezeichnet die Phase der hormonellen Umstellung bei Frauen kurz vor, während und nach der Menopause

Komplexbildner: Verbindungen, die Ionen binden, sodass sich deren Reaktions- und Lösungseigenschaften verändern

Komplexverbindungen: chemische Verbindungen, in denen ein Zentralatom (meist ein Ion wie Calcium) von einem oder mehreren Molekülen umschlossen wird. Im Gegensatz zu einfachen Ionenbindungen, in denen sich freie, negativ und positiv geladene Ionen gegenseitig anziehen, sind solche in Komplexverbindungen eingeschlossenen Ionen häufig nur sehr schwer löslich und für den Menschen daher schlecht verwertbar

Lauge: basische Lösung

Makrophagen: Fresszellen; sie sind Bestandteil des Immunsystems und können auch Tumorzellen zerstören
mm Hg: Millimeter Quecksilbersäule; Maß für den Blutdruck

natürliche Killerzellen: Sie sind Bestandteil des Immunsystems und spielen eine wichtige Rolle bei der Abwehr von Tumorzellen

Osteoporose: Abbau der Knochensubstanz; landläufig als „Knochenschwund“ bezeichnet; eine Ursache für Osteoporose ist eine mangelhafte Versorgung mit Calcium und Vitamin D
Ozon-Sauerstoff-Therapie: Sie hat das Ziel, den Blutsauerstoffgehalt zu erhöhen; bei der Therapie wird dem Körper ein Gemisch aus Ozon und Sauerstoff zugeführt; die Methode steigert Energie und Leistung

pH-Wert: Maßeinheit, die angibt, wie sauer oder basisch eine Flüssigkeit ist (pH-Werte: 7 = neutral, unter 7 = sauer, über 7 = basisch/alkalisch)
PMS: prämenstruelles Syndrom; es ist gekennzeichnet durch Beschwerden, die bei Frauen einige Tage vor Beginn der Regelblutung auftreten
ppm: Maßeinheit, die das Mengenverhältnis eines Stoffes zu einem anderen Stoff angibt; von Englisch: *parts per million* (Teile pro Million)

Resorptionsquote: Aufnahmequote
RNS: Abkürzung für **Ribonukleinsäure**; die RNS kopiert die genetischen Informationen der DNS und setzt sie in der Zelle um (Proteinherstellung)

Tachykardien: anhaltende Pulsbeschleunigung (Schnellherzigkeit) auf über 100 Schläge pro Minute
toxisch: giftig

Zellmembran: Begrenzung der Körperzellen bei Mensch und Tier

Literaturverzeichnis

Anderson, R.: *Cleanse and PurifyThyself*, 1988

Balch, J. F.: *The Super Antioxidants*, M. Evans and Company, 1999

Barefoot, R. R.; *Barefoot on Coral Calcium*, Wellness Publishing, 2001

Barefoot, R. R.: *Death by Diet*, Deonna Enterprises, 2002

Barefoot, R. R.; Reich, C. J.: *The Calcium Factor: The Scientific Secret of Health and Youth,* Bokar Consultants 2002

Belizan, J. M., et al.: „Long term effect of calcium supplementation during pregnancy on the blood pressure of offspring – follow up of a randomised controlled trial"; in: *B. M. J.,* 1997, 315, S. 281–285

Buettner, D.: „Vital und gesund 100 werden"; in: *National Geographic Deutschland*, 01/2006

Chan, Y. C.; Suzuki, M.; Yamamoto, S.: „Dietary, anthropometric, hematological and biochemical assessment of the nutritional status of centenarians and elderly people in Okinawa, Japan"; in: *J. Am. Coll. Nutr.*, 1997, 16 (3), S. 229–235

Charles, A., et al.: „Replacement of an avulsed phalanx with tissue-engineered bone"; in: *N. Engl. J. Med.*, 2001, 345 (9), S. 704

Cho, E., et al.: „Dairy foods, calcium, and colorectal cancer – a pooled analysis of 10 cohort studies"; in: *J. Natl. Cancer Inst.*, 2004, 96 (13), S. 1015–1022

Curhan, G. C., et al.: „Comparison of dietary calcium with supplemental calcium and other nutrients as factors affecting the risk for kidney"; in: *Annals of Internal Medicine*, 1997, 126, S.497–504

Davies, K. M., et al.: „Calcium intake and body weight"; in: *J. Clin. Endocrinol. Metab.*, 2000, 85 (12), S. 4635–4638

Davis, A.: *Jeder kann gesund sein*, Hörmann-Verlag, 1979

Demers, C., et al.: „Effect of experimental parameters on the in vitro release kinetics of transforming growth factor beta1 from coral particles"; in: *J. Biomed. Mater. Res.,* 2002, 59 (3), S. 403–410

Deutsche Gesellschaft für Ernährung; Österreichische Gesellschaft für Ernährung; Schweizerische Gesellschaft für Ernährungsforschung;

Schweizerische Vereinigung für Ernährung: *Referenzwerte für die Nährstoffzufuhr*, Umschau/Braus, 2000

Dodiuk-Gad, R. P., et al.: „Sustained effect of short-term calcium supplementation on bone mass in adolescent girls with low calcium intake"; in: *Am. J. Clin. Nutr.*, 2005, 81 (1), S. 168–174

Dörffel, Y.: „Rolle peripherer Monozyten bei Patienten mit essenzieller Hypertonie", Habilitationsschrift an der Humboldt-Universität zu Berlin, eingereicht am 12.06.2001

Ettinger, B., et al.: „Reduction of vertebral fracture risk in postmenopausal women with osteoporosis treated with raloxifene – results from a 3-year randomized clinical trial"; in: *JAMA*, 1999, 282 (7), S. 637–645

Fleet, J. C.: „Dairy consumption and the prevention of colon cancer – is there more to the story than calcium?"; in: *Am. J. Clin. Nutr.*, 2006, 83 (3), S. 527–528

Halstead, B.: *Fossil Stony Coral Minerals and Their Nutritional Application*, Health Digest Publishing Co., 1999

Heller, H. J.: „The role of calcium in the prevention of kidney stones"; in: *J. Am. Coll. Nutr.*, 1999, 18 (5 suppl.), S. 373–378

Hirota, Y.; Sugisaki, T.: „Effects of the coral calcium as an inhibitory substance against colon cancer and its metastasis in the lungs"; in: *Nutrition Research*, 2000, 20 (11), S. 1557–1567

Holt, P. R., et al.: „Modulation of abnormal colonic epithelial cell proliferation and differentiation by low-fat dairy foods: a randomized controlled trial"; in: *JAMA*, 1998, 280 (12), S. 1074–1079

Holt, S.: *Natures Benefit From Coral Calcium*, Wellness Publishing, 2003

Huber, R.: *Korallen als Knochenteilimplantate*; pressetext austria, 6.09.2000

Ishitani, K., et al.: „Calcium absorption from the ingestion of coral-derived calcium by humans"; in: *J. Nutr. Sci. Vitaminol.* (Tokyo), 1999, 45 (5), S. 509–517

Ishitani, K., et al.: „Clinical researches ‚MSC and cholesterol, osteoporosis, cephalgia, high blood pressure'"; Higashi Hospital, Sapporo, 1999

Jorde, R., et al.: „Serum calcium and cardiovascular risk factors and diseases – the Tromso study"; in: *Hypertension*, 1999, 34 (3), S. 484–490

Karppanen, H.; Pennanen, R.; Passinen, L.: „Minerals, coronary heart disease and sudden coronary death"; in: *Adv. Cardiol.*, 1978, 25, S. 9–24

Krischker, B.: „Die Heilkraft der Korallen"; in: *BIO*-Magazin, 2003, Nr. 04

Krischker, B.: „Heilmittel aus der Tiefe: Das kraftvolle Sediment der Sango-Koralle, Teil I"; in: *Raum & Zeit*, 119/2002, S. 84–89

Krischker, B.: „Heilmittel aus der Tiefe: Das kraftvolle Sediment der Sango-Koralle, Teil II"; in: *Raum & Zeit*, 121/2003

Lansdown, A. B.: „Calcium: a potential central regulator in wound healing in the skin"; in: *Wound Repair Regen*, 2002, 10 (5), S. 271–285

Latusseck, R. H.: „Vollkorn mit Halbwert"; in: *Welt am Sonntag*, 22. 9.2002

Llinas, R. R.: „Calcium in synaptic transmission"; in: *Scientific American*, 1982, 247 (4), S. 56–65

Loya, Y.; Klein, R.: *Die Welt der Korallen*, Jahr Verlag, 1998

ltokawa, Y.: „Magnesium as a nutrient"; in: *Clin. Exp. Med.*, 1990, 154, S. 213–216

Matkovic, V., et al.: „Calcium supplementation and bone mineral density in females from childhood to young adulthood – a randomized controlled trial"; in: *Am. J. Clin. Nutr.*, 2005, 81 (1), S. 175–188

McCarron, D. A.; Morris, C. D.: „Metabolic considerations and cellular mechanism related to calcium's antihypertensive effects"; in: *Fed. Proc.*, 1986, 45 (12), S. 2734–2738

Pan, Z., et al.: „Effects of oral calcium supplementation on blood pressure in population"; in: *Zhonghua Yu Fang Yi Xue Za Zhi*, 2000, 34 (2), S. 109–112

Reddy, P. N., et al.: „Effekt of Praval bhasma (Coral calx), a natural source of rich calcium on bone mineralization in rats"; in: *Pharmacol. Res.*, 2003, 48 (6), S. 593–599

Reid, I. R., et al.: „Effects of calcium supplementation on body weight and blood pressure in normal older women – a randomized controlled trial"; in: *J. Clin. Endocrinol. Metab.*, 2005, 90 (7), S. 3824–3829

Richter, J. T.; Richter, V. M.: *Nature: The Healer*, 1946

Sakhaee, K., et al.: „Meta-analysis of calcium bioavailability: a comparison of calcium citrate with calcium carbonate"; in: *Am. J. Ther.*, 1999, 6, S. 313–321

Sato, N.: „MSC-researches last 15 years"; Vortrag im Rahmen eines Symposiums in Genf, März 2003

Schumacher, H.: *Korallenriffe*, BLV Verlagsgesellschaft, 1988

Schünemann, H. J.: „Calciumgabe ist mit weniger kolorektalen Adenomrezidiven assoziiert"; in: *Deutsches Ärzteblatt* 102, Ausgabe 39 vom 30.09.2005, S. A-2639 / B-2230 / C-2106

Seelig, M. S.: „Magnesium requirements in human nutrition"; in: *J. Med. Soc. N. J.*, 1982, 79 (11), S. 849–850

Shaukat, A.; Scouras, N.; Schünemann, H. J., et al.: „Role of supplemental calcium in the recurrence of colorectal adenomas – a meta-analysis of randomized controlled trials"; in: *Am. J. Gastroenterol.*, 2005, 100, S. 390–394

Sheikh, M. S., et al.: „Gastrointestinal absorption of calcium from milk and calcium salts"; in: *N. Engl. J. Med.*, 1987, 317, S. 532–536

Shen, Z., et al.: „The effects of BDP on calcium ion in the granular leukocytes in nasal secretions of the patients with allergic rhinitis"; in: *Lin Chuang Er Bi Yan Hou Ke Za Zhi*, 2002, 16 (1), S. 25–26

Smith, L.: *Feed Your Kids Right*, Dell Pub. Co. Inc., 1979

Sprung, J.: *Korallen*, Dähne Verlag, 2000

Stengel, E.: „Ärzte sind schlecht ausgebildet – 2000 bei Schmerzkongress – Rückenprobleme deuten auf Unzufriedenheit"; in: *Neue Osnabrücker Zeitung*, 20.10.2005, S. 29

Suzuki, K., et al.: „Calcium utilization from natural coral calcium – a coral preparation with a calcium-magnesium content ratio of 2:1"; in: *Abstracts of papers presented at the 44th Jpn. Soc. Nutr. Betterment*, 1999, Fukuoka, 45 (5), S. 145

Suzuki, M., et al.: „Chronological study concerning ADL among Okinawan centenarians“; in: *Nippon Ronen Igakkai Zasshi*, 1995, 32 (6), S. 416–423

Texter, E. C.: „A critical look at the clinical use of antacids in acid-peptic disease and gastric acid rebound“; in: *Am. J. Gastroentero.*, 1989, 84 (2), S. 97–108

Thys-Jacobs, S., et al.: „Calcium carbonate and the premenstrual syndrome – effects on premenstrual and menstrual symptoms“; in: *Am. J. Obstet. Gynecol.*, 1998, 179 (2), S. 444–452

Thys-Jacobs, S.: „Micronutrients and the premenstrual syndrome – the case for calcium“; in: *J. Am. Coll. Nutr.*, 2000, 19 (2), S. 220–227

Van Fleet, J. K.: *Magic of Catalystic Health Vitalizes*, Parker Publishing, 1980

Walker, N. W.: *Colon Health: The Key to a Vibrant Life*, Norwalk Press, 1995

Wargovich, M. J.; Baer, A. R.: „Basic and clinical investigations of dietary calcium in the prevention of colorectal cancer“; in: *Prev. Med.*, 1989, 18 (5), S. 672–679

Werbach, M. R.: *Nutriologische Medizin – orthomolekulare Vorsorge und Therapie*, W. Hädecke Verlag, 2001

Werbach, M. R.: *Nutritional Influences on Illness: A Source Book of Clinical Research*, Keats Publishing, 1993

Werbach, M. R.: *Nutritional Influences on Mental Illness*, Third Line Press, 1991

Willcox, B. J.; Willcox, D. C.; Suzuki, M.: *The Okinawa Program*, Three Rivers Press, 2002

Yacowitz, H.; Fleischman, A. I.; Bierenbaum, M. L.: „Effects of oral calcium upon serum lipids in man“; in: *B. M. J.*, 1965, 1, S. 1352–1354

Dank

Mein größter, hochachtungsvoller Dank gilt Doris, meiner lieben Ehefrau und Mutter zweier Kinder, die mich in nächtelanger Arbeit bei der Zusammenstellung und der kritischen Überarbeitung und Herausgabe dieser Veröffentlichung in aufopferungsvoller Weise unterstützt hat. Neben meiner Frau richtet sich mein Dank insbesondere an unsere beste Freundin Monika Wieneke, die meiner Frau und mir bereits in vielen Lebenslagen mit Rat und Tat zur Seite gestanden ist. Monika hat mich in das Wissen um die erstaunliche Gesundheitskraft der Sango-Meeres-Korallen eingeführt und mir wissenschaftliche Informationen an die Hand gegeben. Das war letztlich der Anlass dafür, meine abenteuerliche Reise in die geheimnisvolle Welt der Sango-Meeres-Korallen zu beginnen. Ohne sie wäre mein wissenschaftlicher Stand nicht da, wo er heute ist, und auch diese Publikation wäre nicht Wirklichkeit geworden. Ich möchte auch Dr. med. Kunihiko Ishitani danken sowie Hideo Someya und dem japanischen Biophysiker Dr. Norio Sato. Sie haben mit mir in langen Gesprächen verschiedene wissenschaftliche Problematiken diskutiert und mir zahlreiche klinische Studien über Sango-Meeres-Korallen zur Verfügung gestellt.

Dank gebührt auch dem verstorbenen Dr. Carl J. Reich für seine Forschungen und umfangreichen Publikationen sowie Robert R. Barefoot, der mit mir in einem stundenlangen Gespräch zahlreiche Hintergründe zur Sango-Meeres-Korallen-Forschung erörtert hat. Robert Barefoot danke ich außerdem für die zahlreichen Veröffentlichungen und Forschungsreihen über Korallen. Sein Leben wird von der Grundidee geleitet, sich mit seinen Forschungsarbeiten in den Dienst der Gesundheit aller Menschen zu stellen.

Einen sehr wichtigen Beitrag zur Aufklärung der Bevölkerung über die Hintergründe einer gesunden Ernährung und viele andere Möglichkeiten, gesund zu bleiben, haben im deutschsprachigen Raum auch Dr. Hans-Wilhelm Müller-Wohlfahrt in seinem Buch *So schützen Sie Ihre Gesundheit* und Dr. Ulrich Strunz mit seinen Publikationen geleistet.

Sehr verbunden bin ich Ulrich Strunz für das Beenden der „Eiweiß-Lüge“, die sich bei den Naturheilkundlern in der Vergangenheit mehr und mehr durchgesetzt hatte.

Den österreichischen Ernährungswissenschaftler Helmut Matzner, ein Rohkostverfechter und Anhänger der fernöstlichen Fünf-Elemente-Ernährung, möchte ich ebenfalls anerkennend erwähnen. Er hat mit seinem Anspruch der konsequenten Ernährungsumstellung schon vielen schwer kranken Menschen helfen können. Für alles, was sich bezüglich Ernährung in den Zellen abspielt, hat Helmut Matzner eine schlüssige wissenschaftliche Erklärung parat, was in Wissenschaftlerkreisen nicht unbedingt selbstverständlich ist.

Der Platz reicht in diesem Buch leider nicht aus, um alle Wissenschaftler und Ernährungsfachleute zu erwähnen, die mir wichtige Gesprächspartner waren und viel zu meinem heutigen Wissen über Ernährung und zum Verständnis der Zusammenhänge zwischen einem übersäuerten, kranken Körper und einem Mangel an ionisierten Mineralstoffen und Spurenelementen beigetragen haben. Ohne sie wäre dieses Buch in dieser Form sicherlich nicht erschienen.

Register

ca. 128 Seiten • € 16,90 (D) • sFr. 29,00
ISBN 3-934647-76-6

Gabriele Mauz

Rohköstlichkeiten

Frische pflanzliche Nahrung, wie die Natur sie uns schenkt, rückt immer mehr ins Blickfeld ernährungsbewusster Menschen, aber auch die Wissenschaft bestätigt mit jeder neuen Studie ihre Vorzüge. In ihr finden wir alles, was wir für unser Wohlbefinden brauchen, und, mit ein wenig Fantasie und Liebe zubereitet, ist sie ein kulinarischer Hochgenuss. Deshalb erfreut sich frische, nicht gekochte Nahrung immer größerer Beliebtheit.

Gut gereifte Früchte mit ihren herrlichen Aromen; vielfarbige Gemüse und Salate; selbst gezogene Sprossen und Keimlinge als kleine Kraftpakete; Nüsse und Samen; Öle, Kräuter und Gewürze bieten die vielfältigsten Möglichkeiten, kulinarisch kreativ zu werden. Wenn die eigene Inspiration mal fehlt, hilft dieses Rohkost-Rezeptbuch mit 100 einfachen bis ausgefallenen Kreationen weiter.